서경의 아침
묘청

역사를 바꾼 인물 · 인물을 키운 역사

서경의 아침
묘청

역사 · 인물 편찬 위원회 엮음

역사디딤돌

머리말

고려 왕조는 12세기에 접어들 무렵에 문화의 난숙기(爛熟期)를 구가하고 있었다. 따라서 문벌 지배층의 문화가 크게 발달했지만, 사치 풍조가 만연해서 국가적으로 큰 문제가 되었다. 경제가 크게 발달하면서 대외 교역이 활발해졌고, 그로 인해 지배 세력이 과도하게 문화 생활과 소비 생활을 즐긴 결과였다.

하지만 지배층의 향락은 피지배층의 피와 땀을 필요로 했다. 윤관이 여진 정벌에 성공하여 국가의 위상은 높아졌지만, 열 집에 아홉 집은 비었다는 말이 떠돌 정도로 농민과 하층 계급 백성들은 많은 착취를 당해야만 했다.

그러나 윤관의 9성을 여진에 되돌려 줌으로써 왕권이 다시 실추되었고, 예종은 미약해진 왕권을 강화하기 위해 이자겸 세력과 손을 잡을 수밖에 없었다.

하지만 이자겸의 세력이 강해지면서 왕권은 더욱 무너져 내렸고, 지배층의 분열은 여러 정치적 모반 사건으로 이어졌다. 그 중에서 가장 대표적인 것이 이자겸의 난이었다.

이자겸은 어린 인종을 허수아비 왕으로 만든 뒤에 두 딸을 왕비로 들이면서 권력을 휘둘렀다.

하지만 인종이 점차 정치력을 강화하려 하자 뜻 있는 사람들이 모여들었다. 자신감은 얻은 인종은 이자겸의 오른팔인 척준경을 회유하여 이자겸의 세력을 축출하는 데 성공했다.

묘청이 등장한 때는 이자겸의 난이 진정되던 무렵이었다. 인종은 새로운 신진 세력이 필요했다. 그리하여 윤언이의 도움을 받으며 많은 신진 세력을 끌어들였고, 그 중에는 정지상도 포함되어 있었다. 그리고 인종은 정지상의 추천으로 묘청을 만나게 되었다.

묘청은 인종에게 서경 임원역의 땅은 음양가들이 말하는 대화세며, 만일 그곳에 궁궐을 세워 거둥한다면 천하를 합병할 수 있다고 주장했다. 또한 금나라가 폐백을 바치며 스스로 항복하는 것은 물론이고, 36개국이 모두 복종할 것이라고 주장했다.

인종은 묘청의 요청에 따라 서경에 행차하여 유신의 개혁 조서를 내렸다. 그것은 왕권을 위협하는 개경 세력을 떠나, 새로운 신진 세력을 통해 왕권을 강화하겠다는 뜻이었다. 그런데 서경의 대화궁이 완성된 후에 크고 작은 자연 재해가 끊임없이 일어났다. 대화궁의 건룡전에 벼락이 떨어진 것을 위시하여 주변의 30여 군데나 벼락을 맞았고, 큰비가 내려 수해로 많은 사람들이 죽거나 다치는 등 재앙이 끊이지 않았다. 그러자 풍수지리설에 입각한 묘청의 주장은 명분을 잃고 말았다.

결국 그것이 빌미가 되어 개경 세력은 인종의 서경 행차를 완강하게 반대하고 나섰다. 서경 천도의 실패는 곧 서경파의 몰락을 의미했다. 결국 묘청은 서경으로 도읍을 옮기는 것이 점점 불가능해지자 반란을 일으켰다. 그러나 묘청이 이끄는 서경의 군사들은 김부식이 이끄는 개경 군사들에게 크게 패했으며, 묘청은 그의 부하인 조광에 의해 살해되고 말았다.

문종의 만주 지배, 윤관의 9성 개척, 묘청의 칭제 건원과 북벌 정책은 천하를 움켜쥐려는 고려인의 열망을 담고 있었다. 윤관과 묘청, 윤언이는 한결같이 북벌 정책을 주장했지만, 그들은 모두 역사에 실패자로 기록되어 있다. 하지만 세 사람의 북벌 정책은 우리에게 백두산을 뿌리로 인식하도록 해 주었으며, 만주를 우리의 땅으로 인식하도록 해 주었다.

서경의 아침
묘청

차

례

실패로 끝난 윤관의 여진 정벌 … 12

고려를 장악한 이자겸 … 30

이자겸 축출에 나선 인종 … 48

이자겸과 척준경의 몰락 … 60

서경 천도의 꿈 … 79

개경 세력과 서경 세력의 충돌 … 99

복구되는 송악의 대궐 … 120

서경의 아침 … 133

무너진 서경 천도의 꿈 … 150

서경의 아침
－묘청－

칭제 건원과 금국 정벌을 주장하며 반란을 일으킨 고려의 승려

(?~1135)

묘청은 서경(평양)에서 태어났으며, 어릴 때에 승려가 되어 풍수지리설을 익혔다. 1127년(인종 5)에 왕실의 고문이 된 묘청은 1128년(인종 6)에 같은 서경 출신인 정지상, 백수환, 김안 등의 지지를 받아 도읍을 서경으로 옮길 것을 처음으로 주장하였다. 인종은 묘청과 함께 서경에 행차하였으며, 곧 임원역에 궁궐을 짓기 시작하여 다음해에 대화궁을 완성했다. 묘청은 왕을 황제라 부르고, 연호를 만들어 사용하며, 금나라를 정벌하자고 제안하였다. 그러나 김부식 등 사대주의자들의 강한 반대에 부딪혔다.

서경으로 도읍을 옮기는 것이 점점 불가능해지자, 묘청은 1135년(인종 13)에 서경에서 조광, 유참 등과 함께 군사를 모아 반란을 일으켰다. 그리고 나라 이름을 대위, 연호를 천개라 했다. 그러나 묘청의 군사들은 김부식이 이끄는 군사들에게 크게 패했으며, 묘청은 부하인 조광에 의해 살해당하고 말았다.

조선 초기 성리학자들은 유교적 사관에 따라 묘청을 반역전에 올라 있는 부정적 인물로 평가했지만, 단재 신채호는 묘청의 난을 '일천 년래의 일대 사건'이라고 평하며, '묘청은 위대한 독립 정신의 표상'이라고 극찬했다.

실패로 끝난 윤관의 여진 정벌

 윤관의 여진 정벌 성공은 고려 전체에 큰 파문을 일으켰다. 여진족은 잃어버린 땅을 되찾기 위해 쉬지 않고 공격을 퍼부어 왔고, 고려 사회는 여진족과 맞서 싸우느라 '열에 아홉 집은 비어 있다'라는 말이 떠돌 정도로 혼란스러웠다.

 "고려에서 빼앗은 땅만 되돌려 주면, 우리 여진은 두 번 다시 고려를 넘보지 않고 대대손손 부모의 나라로 섬기며 살겠다!"

 다급해진 여진족은 고려에 찾아와 땅을 되돌려 줄 것을 사정했고, 이 일로 고려 조정에서는 긴급 회의가 열렸다.

 "열 집에 아홉 집이 비었다는 말은, 나라를 위해 동원되어야 하는 부담을 이기지 못해 집을 버리고 도망하는 백성들이 늘어 간다는 뜻입니다. 민심이 떠나니 더는 숙종대왕의 정책을 따를 수 없습니다!"

"9성은 도성에서 너무 멀어 관리하기가 힘듭니다. 여진은 9성을 빼앗긴 뒤에 마치 미친 말처럼 날뛰며 우리 고려를 혼란에 빠뜨리고 있습니다. 여진의 요구대로 9성을 돌려주고 평화 협정을 맺으십시오!"

대신들은 앞 다투어 윤관이 장악한 9성을 여진에게 되돌려 줘야 한다고 주장했다.

결국 예종은 관료들의 거센 반발에 밀려, 힘들게 찾은 9성을 여진에 되돌려 주고 평화 협정을 맺었다.

이렇게 해서 고려 왕조 최초의 실험이었던 부국강병의 개혁은 실패로 끝이 나고 말았다.

"부왕이신 숙종대왕께서는 부국강병을 통해 왕권을 강화하려 하셨지만, 이제 다시 기존 정치 질서와 타협하고 말았구나."

말
옛날의 전투에서 말은 큰 비중을 차지했다. 고려는 북벌 정책을 감행하기 위해 기마병을 대대적으로 양성하기도 했다.

 싸움에서 승리하고도 9성을 되돌려 주게 되자, 왕실의 위상은 턱없이 약해지고 말았다. 예종은 실추된 왕권을 회복하기 위해서 다른 세력의 힘이 절실하게 필요했다.
 "이자겸의 여식을 왕비로 맞아들이겠다!"
 예종은 결국 그 무렵의 실세인 이자겸의 딸을 왕비로 맞이했다.

이렇게 해서 이자겸을 대표하는 외척 세력이 다시 예종의 든든한 정치 후원자로 등장하기에 이르렀다.

하지만 예종은 이자겸이 세력을 독점하도록 내버려두지 않았다.

"철저한 중립 정치로 이자겸의 세력을 눌러야 한다."

예종은 신진 세력인 한안인* 세력과 이자겸 세력 사이에서 중립 정책을 펼쳤다.

"문치주의를 중시하는 정치 세력과 손을 잡고, 또한 선진 문화국인 송나라와의 관계 개선을 통해 유교 이념에 입각한 왕조로 새롭게 변해야 한다."

예종은 한안인 같은 신진 관료들이 왕권을 능가하는 이자겸의 세력을 견제할 수 있을 것이라고 판단했다.

그런데 1122년 3월, 예종은 병상에 드러누운 뒤에 일어나지 못했다. 예종은 태자의 외조부인 이자겸을 불렀다.

한안인은 고려 전기의 관인이다. 예종의 총애를 받아 형부 상서·예부 상서·동지공거·지추밀원사 등 중요 직책을 지냈다. 1122년에 인종이 즉위하자 중서시랑 평장사에 올랐으나, 이자겸이 역모의 누명을 씌워 유배되었다가 살해당했다.

"태자는 그대의 외손자가 아니오? 그대만 믿고 태자에게 왕위를 넘기고 편히 눈을 감을 것이오."

예종이 어린 태자에게 왕위를 넘겨줄 뜻을 보이자, 한안인을 중심으로 한 지방 출신 관료들이 크게 반발했다.

"어린 태자보다는 폐하의 아우들 중 한 분에게 선위하는 것이 나라의 안정을 도모하는 일입니다!"

"덕종, 선종, 숙종대왕의 선례에 따라 어린 태자 대신에 폐하의 아우들 중 한 분이 왕위를 이어야 마땅합니다!"

"이자겸은 반드시 절대 권력을 휘두를 것입니다! 태자께서 왕위에 오르신다면 이자겸은 그 기회를 놓치지 않고 권력을 차지하기 위해 정적을 제거해 나갈 것이 분명합니다. 나라의 평화와 왕실의 안녕을 위해 명을 거두어 주십시오!"

왕의 아우를 왕으로 세워야 한다는 신진 세력과, 태자를 왕으로 세워야 한다고 주장하는 이자겸 세력이 팽팽하게 맞섰다. 예종이 믿었던 것은 이자겸이 아니라 인주 이씨 집안의 세력이었다.

"짐이 나라를 다스릴 때와 마찬가지로 조신들과 외척이 적당히 힘의 균형을 이루면서 정치적 안정을 꾀할 수 있을 것인데, 어찌하여 반대만 한단 말이오?"

예종은 한안인을 비롯한 신진 세력을 다독였다. 하지만 신진 세력도 물러서지 않았다.

"어린 태자께서 왕위에 오르신다면, 이자겸은 반드시 세력을 독점하고 이 나라를 쥐락펴락할 것입니다. 어찌하여 고양이 입에 생선을 통째로 넣어 주려 하십니까?"

그러나 예종은 끝내 뜻을 접지 않았고, 결국 예종의 유언에 따라 그의 맏아들인 '구'가 왕위에 올랐다. 그가 곧 고려 제17대 인종이다.

이자겸의 집안인 경원 이씨는 신라 말, 고려 초 인주 지방의 호족 세력이었다. 이허겸의 외손녀가 현종의 비로 책봉되면서 두각을 나타내기 시작했다. 또 이허겸의 딸이 안간 김씨 은부에게 시집을 갔는데, 김은부의 세 딸이 모두 현종의 왕비가 되었다. 그리고 그 중 두 딸이 낳은 왕이 덕종, 정종, 문종이었다.

또한 이허겸의 손자인 이자연이 세 딸을 모두 문종에게 시집보냈는데, 첫째 딸인 인예왕후의 소생이 순종과 선종이었고, 순종과 선종의 왕비 여섯 명 중 네 명이 경원 이씨 집안 출신이었다.

그렇게 되자 경원 이씨 집안은 고려 귀족들 중에서도 가장 힘있는 외척으로 발돋움하기에 이르렀다.

이렇게 기세 등등하던 경원 이씨 집안이었지만 몰락의 위기를 맞이하기도 했다. 헌종에게서 왕위를 찬탈한 숙종은 경원 이씨 세력인 이자의를 축출했고, 그로 인해 경원 이씨는 숙종 대에는 왕비를 내지 못했다.

하지만 이자연의 아들 열한 명 중 호부 낭중으로 있던 이호가 딸을 문종의 맏아들인 순종에게 시집보내면서, 다시 경원 이씨는 외척 반열에 오를 수 있었다. 그런데 순종은 3개월 만에 숨을 거두고 말았고, 궁 밖으로 나와 살던, 이자연의 딸인

장경궁주는 노비와 정을 통하다가 발각되어 폐출되었다. 그러자 이자연의 아들인 이자겸도 왕비의 오빠라는 이유로 파직되고 말았다.

파직된 후, 기회를 엿보던 이자겸은 마침내 여진족에 9성을 되돌려 준 뒤에 힘을 잃은 예종에게 둘째 딸(순덕왕후)을 시집보내면서 다시 외척 세력으로 지위를 굳힐 수 있게 되었다. 예종은 비록 중립 정책을 펼쳐서 외척에게 힘을 실어 주지 않았지만, 실추된 왕권을 강화하여 신진 세력과 맞설 수 있는 방법은 이자겸 세력과 손을 잡는 것밖에 없다고 판단했을 것으로 보인다. 또한 그 무렵에는 예종의 동생인 왕보 세력이 왕위를 넘보고 있었다. 따라서 예종으로서는 왕보 세력에 왕위를 빼앗기지 않을 방법으로는, 이자겸 세력이 태자를 지켜 주는 것 외에는 없다고 보았을 것이다.

열네 살에 왕위에 오른 인종은 이자겸에게 모든 것을 의지했다.

"모든 것은 외할아버지께서 맡아 주십시오."

인종은 이자겸의 힘에 의지하여 정사를 거의 맡기다시피 했고, 이자겸은 그 기회를 놓치지 않았다.

"이제부터는 내 세상이다. 권력을 독식하려면 정적부터 제거해야 한다."

이자겸은 왕보를 대표로 하는 종실 세력과, 한안인을 대표로 하는 지방 출신 관료 세력을 한꺼번에 제거할 수 있는 기회를 엿보았다.

그런데 그 기회는 한안인이 이자겸을 비방하면서부터 찾아왔다.

"이자겸은 나라의 최고 자리인 재상으로 있으면서 정사를 모두 제 집에서 처결하고 있으니, 참으로 오만한 일입니다!"

"그것만이 아닙니다. 조회에도 참석하지 않고 있습니다."

"얼마 전에 이자겸은 최자유를 급사중으로 임명하면서

노비 스무 명을 뇌물로 받았습니다!"

한안인이 드러내 놓고 이자겸을 비방하자, 이자겸은 노발대발하며 소리쳤다.

"그렇다면 내가 최자유에게서 노비 스무 명을 뇌물로 받았는지 안 받았는지 진실을 밝혀 내고, 만일 나를 비방한 것이라면 한안인의 목숨을 끊고 말겠다!"

이자겸은 인종에게 어사대에서 그 문제를 밝혀 줄 것을 요구했고, 겁이 난 한안인은 휴가를 신청하고 조정에 나오지 않았다.

승무
승무의 기원에 대해서는 여러 설이 있다. 민속 무용 유래설로는 황진이가 지족 선사를 유혹하려고 장삼·고깔·붉은 가사를 입고 요염한 자태로 춤을 추었다는 설과, 상좌중이 스승의 평소 모습을 희롱조로 흉내 내었다는 설 등이 있다.

그런데 사건은 전혀 엉뚱한 데서 비롯되었다. 한안인이 칩거에 들어가자, 예종의 총애를 받던 문공미*와 그의 사촌 동생인 정극영, 매부인 이영 등이 자주 방문을 했다. 그 모습을 본 것은 최홍재*였다.

최홍재는 이자겸에게 달려가 그 사실을 알렸다.

"놈들이 한안인 집으로 몰려드는 것을 보니 필경 역모를 꾀하고 있습니다."

최홍재는 한안인과 문공미를 몹시 미워했다. 그래서 이 기회에 두 사람을 제거할 계획을 세웠던 것이다.

"드디어 때를 만났구나. 반드시 이놈들을 없애고 말겠다!"

이자겸은 즉시 인종에게 한안인과 문공미가 역모를 꾀하

· 문공미는 고려 시대 예종 때의 문신이다. 추밀원 동지사, 판상서 병부사 감수국사 등을 지냈다. 묘청의 서경 천도설에 찬성하여 그를 천거했다. 그러나 1135년에 묘청이 난을 일으키자, 그 토벌을 강력히 주장하였다. 또 묘청의 목을 베어서 항복을 청해 온 윤첨을 옥에 가둠으로써 서경인들로 하여금 다시 반란을 일으키게 했다. 그 후에 묘청을 천거하여 국사를 그르치게 한 일로 탄핵을 받아, 수태위 국자감 판사로 좌천되었다.

· 최홍재는 고려 시대의 무신이다. 여진 정벌에 출전하여 윤관 휘하에서 공을 세웠으며, 포주를 수복하고 의주성을 쌓았다. 문하시랑 평장사에 올라 횡포를 부리다가, 이자겸에 의해 욕지도(지금의 전남 순천 부근)에 유배되었다.

고 있다고 보고했다.

"대방공 왕보를 왕으로 세우려 하고 있으니, 서둘러 놈들을 처치해야 합니다."

"비록 짐이 나이가 어려 정사를 제대로 돌보지 못하고 있지만, 역모를 꾀하는 놈들에게 당할 수는 없다! 당장 군사를 보내어 놈들을 척결하라!"

이자겸은 왕명을 받자마자 곧바로 한안인, 문공미 등 그 주변 인물들을 모조리 잡아들였다.

"한안인은 역도의 수괴니 목을 쳐서 다시는 역모를 꾀하는 자들이 없게 해야 합니다."

이자겸은 인종에게 한안인을 죽이라는 명을 내리라고 요구했다. 그러나 많은 대신들이 반대하고 나섰다.

"한안인이 역모를 꾀했다는 확실한 증거도 없습니다!"

"선왕이신 예종께서 아끼시던 신하입니다. 어찌하여 확실한 증거도 없는데 죽이려 하십니까?"

결국 인종은 한안인을 귀양 보내라는 명을 내렸다.

"한안인을 감물도로 귀양 보내도록 하라!"

그러나 이자겸은 그대로 물러서지 않았다.

"놈을 살려 두었다가는 언제 다시 내 뒤통수를 칠지 모른다. 한안인을 죽이는 것은 그놈을 추종하는 지방 관료 세력을 없애는 일이다. 절대 살려 둬서는 안 된다."

이자겸은 은밀하게 자객을 불렀다.

"너는 한안인을 바다 한가운데서 없애야 한다."

결국 한안인은 이자겸이 보낸 자객들에 의해 바다에 던져져 죽고 말았다.

"왕보, 문공미, 이영, 정극영 등 한안인과 자주 만난 무리를 모두 유배 보내도록 하고, 친분 있는 관료들은 모조리 파직하거나 유배하도록 하라!"

이 일로 예종의 힘을 빌려 조금씩 세를 넓혀 가던 지방 관료 출신 수백 명이 파직되거나 유배되었다.

"마침내 정적을 제거했구나. 이제는 권력을 내 마음대로 휘두를 수 있게 되었다."

하지만 이자겸은 다른 성씨가 왕비가 되는 것을 몹시 우려했다.

"자칫 잘못하면 권세와 총애가 나누어질 수 있다. 그런 일이 일어나기 전에 서둘러 손을 써야 한다."

이자겸은 인종을 찾아가 자신의 셋째 딸과 넷째 딸을 왕비로 맞이할 것을 요구했다.

"두 분은 제게 이모가 되십니다. 제 어머니의 동생인 두 분을 왕비로 맞이하라니요? 왕이 풍습과 법도에 어긋나는 일을 한다면, 백성이 무엇을 보고 배운단 말입니까?"

인종이 법도와 풍습을 들어 그 혼례를 받아들이지 않으려 했지만, 이자겸은 막무가내로 왕비 간택을 요구했다. 결국 인종은 1124년 8월에 이자겸의 셋째 딸을, 그리고 이듬해에는 넷째 딸을 왕비로 받아들였다.

"허어 참, 이자겸의 셋째 딸과 넷째 딸은 지금 왕의 이모가 아닌가."

"그렇지. 지금 왕의 어머니가 이자겸의 딸이니 새로 맞이한 두 왕비는 왕의 친이모가 되는데, 조카가 이모하고 혼례를 올리다니……. 참으로 어처구니없는 일이로구나."

"풍습으로 따져도 그 혼인은 불가능한 일인데, 이자겸은 풍습마저 무시하고 함부로 권력을 남용하고 있구먼."

"법도와 풍습을 완전히 무시한 채 힘으로 그런 억지 결혼을 밀어붙이고 있으니, 백성들에게 뭘 보고 배우라는 것인지."

뜻 있는 사람들은 이자겸의 횡포를 몹시 염려했다. 이자

금나라 목조 불상
여진(금나라) 고유의 종교는 샤머니즘이었으나, 영토가 확장됨에 따라 발해·요나라 등으로부터 불교를 받아들였으며, 화베이 지방 영유 이후로는 남송의 불교를 계승하였다.

겸은 두 딸을 왕비로 들여보낸 뒤에 친족들을 중요한 요직에 앉히고, 매관매직을 일삼으며 재산 축적에 나섰다.

"모든 것이 내 뜻대로 되어가는구나. 왕의 어머니가 내 딸인데 이제는 두 딸이 다시 왕비가 되었으니, 감히 누가 나와 맞선단 말인가. 제아무리 권세가 높아도 재산이 없으면 힘을 못 쓰는 법이니, 이 기회를 놓치지 말고 재산을 모아야 한다."

이제 고려 조정에서 이자겸과 맞설 세력은 남아 있지 않았다. 심지어 윤관이 차지한 9성을 여진에 돌려줘야 한다고 강력하게 주장했던 김인존[*]도 이자겸의 세력을 두려워하게 되었다.

"지금은 제아무리 뜻이 높아도 이자겸과 맞서기에는 역부족이다. 왕은 아무것도 모르고 이자겸에게 정사를 맡긴

김인존은 고려 시대의 문신, 학자다. 선종·헌종·숙종, 세 임금을 섬겼으며, 학문과 문장이 뛰어난 당대의 석학으로, 중요한 국사가 있을 때마다 반드시 왕의 자문에 응하곤 했다. 예종 때에 여진이 9성의 반환을 요구하자, 국방상의 난점과 북방 백성의 희생을 들어 환부(還付)를 주장함으로써 반환케 하였다.
뒤에 요나라와 금나라의 싸움으로 국경이 소란해지자, 판서북면 병마사로 부임하여 변방의 안전을 기하였다. 인종 때에 이자겸이 권세를 잡자, 사의를 표명하고 스스로 한직으로 물러났다.

채 허수아비 노릇을 하고 있으니, 자칫 잘못하다가는 이자겸의 칼에 내 목이 위험할 수밖에 없다."

김인존은 수백 명의 신진 세력을 없앤 이자겸이 자신의 목까지 노리고 있다는 것을 잘 알고 있었다.

어느 날, 김인존은 외출하는 도중에 일부러 말에서 떨어졌다.

"아이고, 크게 다쳐 꼼짝을 못하겠구나!"

일부러 말에서 떨어진 김인존은 많이 다쳤다는 핑계를 대고 벼슬에서 물러났다. 그리고 나중에는 스스로 한직을 청하며 조정으로 나가지 않았다.

조정에서 맞설 세력이 없어지자, 이자겸의 횡포는 날로 심해져 갔다.

"개경의 호화스러운 집들은 모두 이자겸의 아들들이 지은 집이야."

"왕실을 능가할 만큼 화려한 집을 지어 놓고 호의호식하고 살면서, 우리 백성들은 노예 취급을 하다니."

"이자겸의 집에는 썩는 고기가 항상 수만 근이나 될 정도라는군."

"이자겸 일당이 백성들의 땅을 불법으로 빼앗고 있는데도, 조정에서는 아무도 이자겸을 건들지 못하고 있질 않은가."

『고려사』에는 이자겸의 재산 축적을 이렇게 적어 놓았다.
'그 세력이 더욱 기고만장해져 뇌물이 공공연히 오가며, 사방에서 음식 선물이 들어와 항상 수만 근의 고기가 썩어 났다. 백성들의 토지를 강탈하고, 자기 집 종들을 앞세워 남의 수레를 약탈해 자기 물자를 수송했으므로, 백성들 모두 수레를 때려 부수고 마소를 끌고 다니는 바람에 모든 길이 소란스러웠다.'

고려를 장악한 이자겸

 이자겸은 주로 개경 인근과 개성 주위에 상당히 넓은 토지를 소유하고 있었다. 또한 그 일대의 사원과도 밀접한 관계를 맺고 있었는데, 사찰 보수나 준공을 하기 위해 백성을 강제로 징발하거나 농민들을 착취하여 많은 원성을 샀다.

 백성들은 나날이 강력해지는 이자겸 세력에 불만이 많았지만, 아무 능력도 없는 인종의 처지로서는 손쓸 방법이 없었다.

 이자겸은 많은 권력을 장악했지만, 한 가지 더 필요한 것이 있었다. 바로 군권(軍權)이었다.

 "척준경은 비록 무식하지만 용맹스럽고, 의리 또한 강한

올림픽공원의 유채꽃 밭
올림픽공원 건설 도중에 발굴된, 백제 유적지인 몽촌토성은 공원 내에 자리하고 있다. 올림픽공원에는 야외 조각 공원을 비롯하여 88 놀이마당, 음악 분수 등 휴식 공간이 조성되어 있다.

장수다. 윤관이 여진군을 몰아내고 9성을 쌓을 수 있었던 데도 척준경의 역할이 컸다. 지금 왕은 누구보다 척준경을 믿고 있으니, 척준경*을 사돈으로 삼아 군부까지 장악할 수 있어야 한다."

> 곡산 척씨의 시조인 척준경은 집이 가난하여 학문을 닦지 못하고 무뢰배들과 교유하다가, 계림공(후에 숙종)의 종자로 들어가 윤관과 함께 많은 공훈을 세운 무장이다. 1125년에 척준경이 스스로 벼슬을 버리고 곡주로 낙향해 버리자, 인종은 급히 최식과 이후, 두 신하를 우봉군까지 쫓아가게 하여 척준경을 설득해서 돌아오게 했을 정도로 그에 대한 신임이 각별했다. 이자겸은 척준경의 딸을 아들의 아내로 맞아들임으로써 군부까지 등에 업을 수 있게 되었다.

결국 두 사람은 사돈이 되었고, 그 뒤에 척준경은 고위 재상인 평장사로, 그리고 그의 동생인 척준신은 병부 상서(국방부 제2 장관)로 국권을 장악하여 이자겸의 정권을 뒷받침했다. 또한 그 무렵에 이자겸의 아들인 의장은 고위 승직인 수좌에 올라, 승려 집단을 장악하기에 이르렀다.

이자겸의 세력이 강해지자 아첨하는 무리도 늘어났다. 정극영과 최유는 인종에게 연회가 있을 때, 왕과 이자겸이 나란히 앉아 잔치에 임하는 대우를 해야 한다고 주장하기도 했다.

이러한 주장에 반대한 사람은 김부식이었다.

"한나라의 고조가 천하를 통일하고 나서 닷새에 한 번씩 그의 아버지인 태공에게 문안을 드리며 절을 했는데, 신하가 태공에게 말하기를 '하늘에 해가 둘이 없고 천하에는 왕이 둘이 없는데, 왕이 아들이라고 신하인 아버지에게 절을 하는 것은 있을 수 없는 일입니다' 라고 했습니다. 그 후부터 태공은 아들인 왕의 절을 받지 않았습니다. 그리고 옛날 불기후 복안은 한나라 왕인 헌제의 장인이었는데, 대궐에 있을 때에는 신하의 예의를 충실히 지키고, 왕비가 친정에 와 있을 때에는 장인으로서 왕에게서 예의를 받았습니다. 이 밖에도 왕의 부모가 왕에게 신하로서 예의를 표한 예는 많습니다."

김부식의 반대로 정극영과 최유의 주장은 무산되었다. 하지만 인종은 이자겸을 다른 신하처럼 대할 수가 없었다. 이자겸의 이름을 부를 수 없었으며, '경'이라고도 하지 못했다.

이자겸만이 아니라 그의 어머니도 탐욕스럽기 이를 데 없었다.

"어떻게 왕비의 어머니라는 이가 시장 상인들의 물품을 억지로 빼앗고, 값을 제대로 치르지도 않는단 말인가."

"값을 달라고 하면 노비에게 시켜 횡포를 부리니……. 물건 뺏기고 몰매까지 맞을 지경이니, 이런 일이 어디 있단 말인가!"

그 뒤에 이자겸의 어머니가 세상을 뜨자, 시장 상인들이 모여 서로 축하를 할 정도였다.

인종은 크고 작은 나랏일을 모두 이자겸에게 의지했다.

"조상님의 산소에서 벼슬을 전하는 예식을 아주 성대하게 거행하는 것이 좋을 것입니다. 그리고 궁중에 있는 악사들로 하여금 조상님의 산소에서 날마다 한 번씩 연주하게 한다면, 조상님도 지하에서 몹시 흡족해 하시지 않겠습니까?"

이번에도 박승중이 이자겸에게 아첨을 했지만, 이 일을 반대하고 나선 사람도 역시 김부식이었다.

"종묘에서 음악을 연주하는 것은 살아 있을 때에 하는 것임을 모른단 말이오? 성묘하는 자리에서는 흰옷을 입고 곡을 하며 돌아가신 조상에 대한 예를 갖춰야 도리거늘, 음악을 연주하라니요!"

그러나 박승중은 굴하지 않고 이자겸의 생일을 인수절로 정하자고 제의했다.

"생일을 절이라고 부른 예는 당나라 현종 때가 처음으로, 황제의 생일을 천추절이라고 불렀을 뿐이오. 그런데 일개 신하의 생일을 절이라고 부르자니, 무덤 속에 누워 있는 송장도 벌떡 일어나 웃을 일이오!"

이자겸의 생일을 인수절로 정하자는 의견도 김부식의 반대로 이뤄지지 않았다.

김부식과 김약온 등이 앞장서서 이자겸을 비판했지만, 이자겸의 독주는 아무도 막을 수 없었다. 가을이 되어 곡식을 거둬들일 때가 되면, 이자겸은 관리인을 지방에 파견했다.

"타작을 서둘러라! 타작이 끝나면 곧바로 곡식을 개경으로 옮겨 간다!"

관리인들은 지켜 서서 타작을 감시했고, 수많은 곡식을 실어 나르기 위해 남의 집 소와 달구지를 함부로 빼앗기도 했다.

"우리 집도 달구지가 없으면 농사를 지을 수가 없는데,

한옥의 문살
옛날부터 한옥에서는 문살에 창호지를 바른 밝은 문을 달았으며, 문살 형태는 단순한 격자무늬를 많이 사용하였다.

어찌하여 함부로 빼앗는단 말이오?"

 백성들은 달구지나 소를 빼앗기지 않으려 안간힘을 썼지만, 그러면 그럴수록 손해만 늘어날 뿐이었다.

 "감히 내 일을 방해하고 나섰단 말이지? 그놈을 당장 끌어다가 주리를 틀어라!"

 이자겸의 세력은 이제 왕보다 더 강력해졌다. 이 무렵에 고려 사회에는 이상한 도참설이 나돌고 있었다.

 "십팔자가 곧 고려의 새로운 왕이 된다네."

십팔자란 한문으로 십(十)자와 팔(八)자가 합쳐진 성을 뜻한다. 곧 이(李)씨 성을 가진 사람이 고려의 왕이 된다는 말이었다.

"흠, 세상이 완전하게 내 뜻대로 돌아가고 있구나. 이씨 성을 가진 사람이 왕위에 오른다면 바로 내가 아닌가. 이제야말로 내가 왕위를 차지할 때가 되었구나."

이자겸은 그 동안 가슴에 품고 있던 야망을 서서히 드러내기 시작했다. 중국에까지 자신의 위치를 알리려고 모든 수단과 방법을 가리지 않았다.

『고려사』에 따르면, 이자겸은 송나라에 표를 올리고 특산물을 보내면서, 왕의 위치와 동등하다는 뜻을 지닌 '지군 국사'라 자칭했다고 한다.

그러나 이런 문제들은 인종을 크게 자극하는 계기가 되었고, 인종은 이 때부터 이자겸을 매우 혐오하게 되었다.

"내 나이 겨우 열일곱 살이다. 아직 나라를 다스리는 일도 미숙한데, 이자겸이 왕위를 찬탈하려 음모를 꾸민다면 막을 재간이 없다. 더 늦기 전에 왕권을 강화하여 이자겸 세력을 몰아내야 한다."

하지만 인종은 섣불리 용기를 내지 못했다. 그러자 인종의 불편한 심기를 눈치 챈 김찬(김안), 안보린 등 내시들이 한자리에 모였다.

"지금 이자겸의 세력이 무자비하게 횡포를 부려서, 백성들이 살기가 어려워 고향을 등지고 떠돌이 생활을 하고 있습니다. 더 늦기 전에 이자겸 세력을 몰아내고, 왕께서 스스로 나라를 이끌며 민심을 살피셔야 합니다."

"이자겸을 제거하지 않고는 나라의 기강이 바로 설 수 없습니다. 이자겸 무리가 입으로 표현할 수 없을 정도로 횡포를 부리고 있는 한, 마마에 대한 백성의 원성은 가라앉지 않을 것입니다."

하지만 여전히 인종은 이자겸과 맞설 용기를 내지 못한

채 망설였다.

"왕께서는 이자겸과 척준경의 세력을 몰아내고 싶은 마음이 굴뚝같지만 차마 용기를 내지 못하고 계시니, 우리가 나서야 될 것 같습니다."

"먼저 군권을 장악하고 있는 척준경부터 없애야만 이자겸 세력을 없앨 수 있습니다."

그들은 추밀 재상인 지록연*과 공모하여 상장군인 최탁과 오탁 등을 끌어들이는 데 성공했다.

최탁과 오탁은 지록연이 척준경 세력을 없애기로 했다는 말에 크게 기뻐했다.

"척준신은 척준경의 동생이라는 이유만으로 병부 상서에 임명된 자가 아닙니까. 그 동안 거들먹거리는 꼴이 영 눈꼴사나웠는데, 이 기회에 깨끗이 없애 버려야 되겠습니다."

지록연은 서해도 봉주 출신으로, 거란이 고려를 침략했을 때에 피난 길에 오른 현종을 끝까지 보호해서 상장군 복야(상서 도성의 장관)에 올랐던, 무신인 지채문의 증손자다.

"척준신은 우리보다 아래에 있다가, 척준경과 이자겸이 사돈이 되면서 어느 날 갑자기 위로 뛰어올라 병부 상서에 임명되질 않았습니까. 당장 놈들을 없애 버립시다!"

김찬에게 모든 사실을 보고받은 인종은, 말에서 떨어진 뒤에 스스로 한직으로 물러나 있던 김인존과 인주 출신 원로인 이수에게 사람을 보내어 의중을 물었다.

'이자겸의 권한을 빼앗으려 하는데, 그대의 의중은 어떠한가.'

하지만 김인존은 인종에게 여러 가지 염려를 전해 왔다.

'폐하께서는 외가에서 태어나고 자라서서 은혜를 끊을 수 없으실 것입니다. 또한 이자겸의 당파가 조정에 가득 차 가벼이 움직일 수 없으니, 틈새가 생기기를 기다리셔야 합니다.'

이자겸에 대한 인종의 불편한 심기를 먼저 눈치 챈 사람들은 내시인 김찬과 안보린 등이었다. 그들은 권력자인 이자겸과 국권을 장악한 척준경 세력을 축출하기 위해 움직이기 시작했다. 우리가 흔히 말하는 '이자겸의 난'은 인종의 측근이 일으킨 친위 쿠데타라고 보기도 한다.

결국 1126년 2월 25일, 김찬 등은 이자겸 일파를 제거하겠다는 뜻을 인종에게 전했다.

"거사를 구체화하기 위해서는 신중을 기해야 하오."

인종은 김찬에게 평장사인 이수, 전 평장사인 김인존을 만나 세부 계획을 검토하도록 지시했다.

"우선 궁궐로 들어가 척준신(척준경의 동생)과 척순(척준경의 아들)을 죽여 없애야 합니다. 그렇게 되면 이자겸의 오른팔인 척준경을 쉽게 제거할 수 있습니다."

지록연은 최탁, 오탁 등 장군들을 포섭하여 군사를 이끌고 궁궐로 쳐들어갔다. 그리고 그 날 밤, 척준신과 척순 등

다섯 명의 목을 베어 궁성 밖에 내던졌다.

"척준신과 척순이 살해당했다!"

"두 사람의 시체가 궁성 밖으로 내던져졌다!"

그런데 이자겸 세력인 박승중의 아들인 박심조가 내시로 숙직하다가 이 변란을 직접 보게 되었다.

"큰일 났구나! 내가 저들 눈에 띄면 그 자리에서 죽게 된다!"

박심조는 변소로 몸을 숨겼다. 그러다 그만 똥물에 빠지고 말았다. 똥물을 흠뻑 뒤집어쓴 박심조는 허둥지둥 이자겸 집으로 달려갔다.

"한시가 급합니다! 척준신과 척순이 목이 잘린 뒤에 궁성 밖으로 시체가 던져졌습니다!"

급보를 받은 이자겸은 서둘러 척준경을 만났다.

"어쩌면 좋습니까? 왕이 우리 세력을 몰아내기 위해 측근을 움직인 모양인데, 한시가 급합니다!"

"왕이 나를 배신할 줄이야! 왕은 내 사위고 손자다. 그런

한강의 풍경
구석기 시대부터 한강 유역에 사람들이 살기 시작했다. 포전리 점말 동굴과 단양군 애곡리 수양개 선사 유적지가 한강의 대표적인 구석기 유적이다. 신석기 시대에는 본격적으로 사람들이 거주하기 시작했으며, 특히 서울시 송파구 암사동 선사 유적지에서 신석기 유적이 발견되었다.

데 어떻게 나를 배신할 수 있단 말인가?"

두 사람은 크게 당황했다.

급보를 들은 이자겸과 척준경은 크게 당황했다고 한다. 그랬던 것으로 보아, 이자겸 쪽에서는 별로 대비하지 못했던 것으로 짐작된다. 이자겸은 외손이자 사위인 왕이 자신을 배신하리라고는 꿈에도 생각하지 못했던 것으로 보인다.

"나는 수많은 전쟁터를 누비며 목숨을 잃을 뻔한 일을 많이 당했습니다. 궁지에 몰릴수록 용기를 내야 살 수 있습니다."

그런 급박한 상황에서도 먼저 행동을 취한 것은 척준경이었다.

"사태가 급박하니 앉아서 죽음을 재촉할 수는 없는 일, 동원이 가능한 군사들을 이끌고 궁궐로 들어가겠습니다."

"궁궐로 들어간다고? 이 상황에 궁궐로 들어간다는 것은 불구덩이 속으로 뛰어드는 일인데, 괜찮겠소?"

이자겸은 두려움에 떨며 물었다.

"나는 수많은 전쟁터를 누비면서 위험한 상황일수록 용기를 내야 된다는 것을 배웠습니다."

척준경은 겁에 질린 이자겸을 놔두고 시항인 최식, 지후인 이후진, 녹사인 윤한 등에게 군사 수십 명을 이끌고 가서 궁성 문을 열라고 지시했다.

"감히 누가 내 앞을 막는단 말인가! 살려거든 내 앞길을 막지 마라!"

척준경의 명을 받은 소장들은 궁성으로 달려가, 자물쇠를 부수고 성 안으로 들어갔다.

뒤이어 척준경이 남문인 주작문을 순식간에 돌파하여 신동문에 도달했다. 궁성을 지키던 군사들은 쩌렁쩌렁 고함을 지르며 달려오는 척준경과 감히 맞설 엄두를 내지 못하고, 문을 걸어 잠근 채 밖으로 나오지도 않았다.

"내 동생을 죽인 놈이 누구냐! 어느 놈이 내 동생과 아들을 죽였는지, 그놈은 지옥까지 쫓아가서 죽이고 말겠다!"

척준경은 조금도 위축되지 않고 고함을 질러댔다.

"척준경이 수많은 군사들을 이끌고 왔구나!"

"언제 그 많은 군사들을 소집했기에 저렇게 기세 등등하게 궁궐로 달려왔을까."

인종의 측근 세력은 척준경이 많은 군사들을 이끌고 달

려온 것으로 착각하고, 겁에 질린 채 싸울 엄두도 내지 못했다.

다음날 척준경은 척준신과 아들의 시신을 찾아내고, 복수를 다짐했다.

"반드시 오늘의 이 분함을 백 배, 천 배로 갚아 주겠다!"

척준신은 군졸들에게 군기고를 열라고 지시했다.

"군기고의 무기를 분배하여 무장하도록 하라! 지금은 전쟁과 다를 바 없으니, 모두 중무장하고 명령을 기다려라! 최탁 무리가 반란을 일으켜 왕을 살해했다! 우리가 그 역적들을 반드시 없애야 한다!"

척준경은 군사들에게 인종이 최탁 무리에 의해 목숨을 잃었다고 소리쳤다.

척준경이 군사를 이끌고 궁성의 정문인 승평문을 포위할 무렵, 이자겸의 아들인 의장 승려가 현화사로부터 승려 3백여 명을 이끌고 달려와 궁성 밖에 이르렀다.

"승병이 도착했다! 이제 승리는 우리 것이다! 모두 용기를 내어 놈들을 없애라!"

결국 궁성 병력은 겹겹이 포위당하는 꼴이 되고 말았다.

"성문을 단단히 걸어 잠그고 화살을 날려라!"

"사기가 오른 척준경의 군대와 맞서서는 안 된다. 함부로 궁궐 밖으로 나가지 말고 활을 쏘며 대응하라!"

궁궐 안에 있던 친위 세력은 밖으로 나오지 못하고, 활을 쏘며 척준경의 부대와 맞섰다.

이자겸 축출에 나선 인종

"사태는 이제 돌이킬 수 없게 되었구나. 친히 신봉문에 나가 척준경과 군사들에게 무기를 버리라고 회유하겠다. 숨어 있거나 도망친다고 해서 해결될 일이 절대 아니다!"

인종은 위험한 상황에 놓였다고 판단하여 직접 나서기로 했다.

"폐하다!"

"폐하께서 살아 계셨다!"

인종이 신봉문 위에 황색 일산을 쓰고 나타나자, 왕이 이미 역도에게 죽은 줄 알고 있던 척준경의 군사들이 환호성을 질렀다.

인종이 척준경의 군사들을 향해 물었다.

"너희는 왜 무기를 가지고 왔느냐!"

그러자 병졸들이 크게 대답했다.

"적이 궁중으로 침입했다고 해서 사직을 지키려고 왔을 따름입니다!"

"짐은 이렇게 무사하니 무장을 해제하고 물러가라!"

인종은 내탕고를 열어 은과 비단을 꺼내어 성 위에서 내려 보냈다.

그리고 시어사인 이중과 사인인 호종단을 시켜, 군사들에게 갑옷을 벗고 무기를 버리라는 명을 내렸다.

"왕명이다! 갑옷을 벗고 무기를 버려라!"

군졸들이 인종의 명을 받아 무기를 버리자, 척준경은 크게 당황했다.

"이 어리석은 것들아! 당장 갑옷을 입고 무기를 들어라! 내 아들과 내 동생 척준신이 죽은 것을 보고도 사태를 파악하지 못한단 말이냐!"

척준경은 다시 무기를 들고 궁성 군사들과 싸우라는 명

황태 덕장
얼어붙어서 더덕처럼 마른 북어라 하여 더덕북어라고도 한다. 예로부터 우리 조상은 한겨울에 명태를 일교차가 큰 덕장에 걸어 둠으로써 차가운 바람을 맞게 하여, 얼고 녹기를 스무 번 이상 반복하도록 북어를 말린 뒤에 음식으로 만들어 먹었다.

을 내렸다. 척준경의 명을 받은 군사들이 다시 성을 향해 화살을 날리기 시작했고, 심지어 인종을 향해서도 화살을 날렸다.

"도끼로 신봉문의 기둥을 찍어 내라!"

척준경은 의장이 거느리고 있는 승병들에게 도끼로 신봉문을 찍으라고 소리쳤다.

"난을 일으킨 주동자들을 내놓으십시오! 궁성에서 더 많은 피비린내가 나기 전에 당장 주동한 놈들을 내놓으십시오! 궁중에서 반란을 일으킨 자들을 내보내지 않으면 궁중이 위험해질 것입니다!"

이자겸이 사람을 보내어 인종을 협박했지만, 인종은 끝내 침묵했다.

이자겸이 인종을 협박하고 있을 때, 척준경은 동화문에 장작을 쌓아 놓고 불을 질렀다. 불꽃이 바람을 타고 삽시간에 궁궐을 에워쌌다. 궁인들은 혼비백산하여 뿔뿔이 흩어졌고, 군사들도 당황하여 어쩔 줄을 몰라했다. 불길은 밤까지 계속 타올랐다. 궁성 내의 병사들이 불길과 연기를 피해 밖으로 도망쳐 나왔다.

"궁성을 빠져나오는 자들은 무조건 죽여라!"

척준경은 수하들로 하여금 각 성문을 지키게 하였다.

"사태가 심각하니 서둘러 산호정으로 피하십시오!"

궁성 병력을 이끌고 있던 오탁은 인종을 호위하고 서문

을 빠져나갔고, 나머지 군사들은 밀어닥친 척준경의 병력과 싸우다가 잡히거나 그 자리에서 목숨을 잃었다.

인종을 인도하던 오탁도 척준경이 보낸 장성에 의해 살해되었으며, 최탁·권수·고석 등의 장수들도 모두 그 자리에서 죽고 말았다. 궁성 병력에 가담한 윤성 대장군, 박영 장군, 좌복야인 홍관 등도 살해되었다.

척준경의 공격으로 대궐은 거의 불탔고, 궁궐 내부는 완전히 전쟁터 같았다. 어느 것 하나도 성한 것이 없었다. 정자인·산호정·상춘정·상화정은 물론이고, 제석원 행랑 수십 칸만 겨우 남아 있을 뿐이었다.

"더는 저항할 여지가 없구나. 내가 왕위를 내놓는 것만이 더 큰 피해를 막는 길이다."

무기력해진 인종은 이자겸에게 왕위를 내놓겠다는 조서를 내렸다.

"뭐라고! 인종이 왕위를 내놓는다고?"

막상 인종이 왕위를 내놓겠다고 선언했지만, 이자겸은

선뜻 결정을 내릴 수가 없었다. 조정 대신들의 공론이 염려스럽기도 한 데다, 재종형인 이수가 이자겸을 몹시 꾸짖었기 때문이다.

"신하로서 그 같은 왕의 조서를 받아들이는 것은 있을 수 없는 일이거늘, 왕위를 받겠다니! 절대로 그래서는 아니 될 일이다!"

이자겸은 이수의 반대로 왕위에 대한 욕심을 일단 뒤로 미뤘다.

"왕의 편에 선 병사들까지 모조리 없애도록 해라!"

척준경은 정변을 일으킨 왕의 측근들을 무자비하게 처치했다.

"이자겸 일파를 숙청하려고 일으킨 정변이 이렇게 허무하게 실패하고 말았구나."

인종은 이자겸의 사택인 중흥택 서원에 연금당하고 말았다. 그렇게 되자 왕의 측근 세력은 철저하게 몰락했고, 이자겸과 척준경의 권력은 더욱 커져 갔다.

이자겸 부부는 인종 앞에서 땅을 치며 통곡했다.

"황후가 왕궁에 들어간 이후로 태자(인종) 낳기를 밤낮으로 기원했습니다. 성인(인종)이 태어난 뒤에는 생명이 영원하기를 온갖 방법으로 기도하고 또 기도하며 정성을 다했습니다. 천지의 귀신이 거울처럼 우리의 정성을 증명하는데, 이번에 오히려 역적의 말을 믿고서 골육을 해치려 할 줄은 꿈에도 몰랐습니다!"

인종은 두 사람의 말에 아무 말도 하지 않았다.

인종은 하루 세 끼 밥도 마음 편하게 먹을 수 없을 만큼 무력한 군주로 전락하고 말았다.

그런데 인종이 중흥택에 머물고 있을 무렵에 아주 중요한 일이 일어났다. 1125년에 거란족 요나라를 멸망시킨 금나라가 고려에 압박을 가하며, 사대의 예를 갖출 것을 요구했다.

"금나라가 우리 고려에 사대할 것을 요구하고 있으니, 어떻게 해야 할지 좋은 의견들을 내놓으시오."

인종은 백관을 소집해서 금을 사대할 것인지, 거절할 것인지를 의논했다.

"여진이 형제 관계를 요구했을 때에도 거절했는데, 이제는 군신 관계를 요구하고 있으니 기가 막힐 일입니다!"

백관들 모두 금나라의 군신 관계 요구는 들어줄 수 없다며 반대했다. 그 중에서도 윤관의 아들인 윤언이가 앞장서서 반대를 하고 나섰다.

"우리 임금께서 근심하시고 신하가 모욕을 당하니, 저는 감히 죽음을 두려워하지 않습니다. 여진은 본래 우리 나라 사람의 자손이기 때문에 신하가 되어 연이어서 천자국(고려)에 조회해 왔으며, 국경 부근의 여진인은 모두 우리 나라의 호적에 속한 지 오래되었습니다. 우리 나라가 어찌 반대로 금나라의 신하가 될 수 있겠습니까?"

윤언이는 당장이라도 군대를 이끌고 달려가 여진을 공격해야 된다고 주장했다.

하지만 이자겸과 척준경은 금나라의 요구를 들어줘야 한

다고 주장했다.

"금나라는 옛날에는 소국으로서 요나라와 우리 고려를 섬겼습니다. 하지만 지금은 이미 흥성하여 송나라와 연합해서 상국으로 모시던 요나라를 멸망시켰으며, 정치가 잘 이루어지고 군사가 날마다 강성해지고 있습니다. 또한 금나라는 우리 고려와 국경을 나란히 하고 있으니, 형세상 사대하지 않을 수가 없습니다. 소국이 대국을 섬김은 선왕의 법도입니다. 마땅히 사절을 파견해서 조회하여 금나라의 위협으로부터 벗어나야 합니다."

이자겸과 척준경은 금나라가 옛날과 달리, 이미 대국으로 성장했으니 당연히 고려가 금나라를 섬겨야 된다고 주장했지만, 두 사람은 금나라를 이용하여 정권 안정을 꾀하려 했던 것으로 보인다.

"절대 아니 될 말입니다!"

"금나라는 예전에 윤관 장군이 피눈물을 흘리며 빼앗은 9성을 돌려줄 것을 청하면서, 대대손손 고려를 부모의 나라로 섬기겠다고 맹세한 나라입니다. 그런데 어찌하여 그런 금나라에 사대의 예를 취할 수 있단 말입니까?"

입춘대길 건양다경
우리 나라에서는 해마다 입춘 때에 대문 기둥이나 대들보, 혹은 천장에 '입춘대길(입춘을 맞이하여 좋은 일이 많이 생기라는 뜻)'이라고 써 붙이는 풍습이 있었다.
입춘대길 건양다경(立春大吉 建陽多慶)에는 '봄이 시작되니 크게 길하고 경사스러운 일이 많이 생기기를 기원합니다'라는 뜻이 담겨 있다.

"당장 군사를 출동시켜 금나라를 공격해야 합니다!"

정지상을 중심으로 한 서경파들은 금나라를 정벌하자고 주장했다. 특히 서경파는 여진족을 정벌한 척준경을 믿고 신뢰했다. 하지만 척준경마저 금나라를 사대하는 외교 정책을 펴야 한다고 주장하자, 서경파의 충격은 이루 말할 수 없이 컸다.

하지만 군부를 장악하고 있는 척준경조차 금나라에 비해 고려는 소국에 불과하다고 말할 만큼, 고려의 군사력은 형편없이 약해져 있었다.

인종은 이미 이자겸의 손아귀에 잡혀 있는 상황이었으므로, 어쩔 수 없이 이자겸과 척준경의 요구에 따를 수밖에 없었다.

결국 인종은 금을 사대하기로 결정하고, 4월 정미일에 금나라에 사신을 파견하여 사대의 예를 다하도록 했다. 그러자 이자겸과 척준경은 왕명을 빙자해서, 금나라에 신하의 나라로서 충성을 다할 것을 맹세하는 글을 써 보냈다.

"참으로 부끄럽고 원통하구나!"

윤언이는 이 사실을 알고 크게 원통해 했다.

"내 선친을 도와 여진을 정벌하고 9성을 쌓았던 척준경이 여진에 무릎을 꿇다니!"

결국 이 일로 해서 윤언이와 서경파의 중심인 정지상은 척준경으로부터 완전히 등을 돌리고 말았다.

"이자겸과 척준경의 세력을 반드시 몰아내고 말겠다!"

이자겸과 척준경의 몰락

 날이 갈수록 나라가 혼란에 빠지자 도참설을 믿는 백성이 더 많아졌다.
 "십팔자가 왕이 된다네."
 "십팔자라면 '이' 씨가 왕이 된다는 뜻이 아닌가?"
 "그럼 이자겸이 왕이 된다는 말인가?"

 '이' 씨가 천하의 주인이 된다는 도참(예언)은 유래가 오래되었다. 중국 도교에서 노자를 신격화하면서, 언젠가는 노자가 다른 모습으로 재림하여 천하를 이끌게 된다는 도참설이 퍼졌다. 노자의 성은 '이(李)'였고, 이름은 '이(耳)', 자는 '담(聃)'이었다. 그러자 천하를 움켜쥐려는 세력은 '이' 씨 성을 앞세위, 자신들이야말로 노자가 재림한 것이라고 하며 세력을 규합하고는 했다.

고려에도 도교가 성행하면서 '이' 씨 성을 가진 사람이 왕이 된다는 말이 퍼져 나갔고, 그것이 '십팔자'가 왕이 된다는 형태로 바뀌었다.

이자겸도 자신이야말로 노자가 재림한 인물이라고 굳게 믿었다.

"내 성이 이씨 아닌가. 게다가 천하를 쥐고 있으니, 나야말로 하늘에서 내린 왕이 분명하질 않은가. 예전에는 주변의 눈치를 보느라 왕위를 거절했지만 이제는 그럴 필요가 없다. 그렇다면 걸림돌을 제일 먼저 제거해야 되겠구나."

이자겸은 인종을 죽이겠다는 결심을 하고는, 하인을 시켜 인종이 먹을 떡에 독을 넣었다. 그러나 그 하인은 왕비에게 은밀히 그러한 사실을 알려 주었다. 그 왕비는 이자겸의 넷째 딸 복창원주였다.

박연폭포
황해북도 개성시 박연리에 있는 폭포. 폭포 주변에는 천마산과 성거산의 청량봉·이달봉을 비롯해 험준한 봉우리들을 연결한 둘레에 고려 때에 쌓은 대흥산성과 성의 북문·관음사·대흥사 등의 유적이 있다.

"아버님께서 폐하를 없애려고 떡에 독을 넣었다고!"

왕비는 인종이 떡을 먹지 못하도록 막았다.

"그 떡 속에는 독이 들어 있습니다!"

놀란 인종이 떡을 마당에 던지자, 까마귀가 날아와 떡을 쪼아 먹고는 그 자리에서 죽었다. 그 뒤에도 이자겸이 다시 독약을 보내어 왕비에게 인종을 죽이라고 했지만, 왕비는 그릇을 들고 가다가 넘어지는 척하면서 독약을 엎질러 버렸다.

"대궐에 불을 지르고 독을 넣은 음식을 먹여 나를 죽이려 들다니, 하루하루가 불안하고 무서워서 견딜 수가 없구나."

가만히 앉아서 죽을 수만은 없다고 판단한 인종은, 최사전을 통해 이자겸과 척준경 사이를 이간시키기로 했다.

"척준경은 성격이 단순한 무장이오. 이자겸과 척준경, 두 사람 사이를 벌려 놓으면 이자겸을 간단히 제거할 수 있을 것이오."

"과거에 척준경은 패전의 죄를 면할 수 있게 해 준 윤관 장군을 위해서라면, 목숨도 아끼지 않고 적과 맞섰던 무장입니다. 이자겸과 사돈을 맺어 손을 잡고 난 뒤로는 이자겸의 오른팔 노릇을 하고 있지만, 척준경은 무장 기질이 강한 사람입니다. 반드시 정의를 위해 몸 바쳐 싸워 줄 것입니다."

최사전은 인종의 밀지를 들고 척준경을 찾아갔다.

'짐이 밝지 못해 흉악한 무리가 일을 저질러서 대신으로 하여금 근심하고 수고롭게 만들었으니, 모두 과인의 죄요. 이로 인해 반성하며 과오를 후회하고 있소. 하늘을 우러러 맹세하건대 신민과 더불어 덕망을 새롭게 하고자 하니, 그대는 수련하기에 힘쓰되 지난 일을 염두에 두지 말고, 마음을 다해 도와서 훗날의 어려움이 없도록 하오.'

인종의 밀지를 받은 척준경은 마음이 흔들렸다. 최사전은 그 기회를 놓치지 않았다.
"하늘에 해가 둘이 없듯이 나라에도 왕이 둘이 있을 수 없는 일입니다. 지금 버젓이 주상이 계시는데도 이자겸이 왕 노릇을 하고 있습니다."
최사전은 이자겸이 왕의 자리에 오르면 제일 먼저 척준경을 버릴 거라고 설득했다.

"지금이라도 폐하께 충성을 다하신다면 부귀와 권세를 모두 누릴 수 있을 뿐만 아니라, 대대손손 충신 집안으로 기록될 것입니다. 만약 이자겸이 왕위를 찬탈하는 데 장군께서 협조하신다면, 후세 사람들이 과연 척씨 집안에 대해 뭐라고 할 것 같습니까?"

최사전은 인종이 척준경에게 내린 교서를 건네며, 사태가 악화되는 것을 막아 달라고 신신당부를 했다.

"음, 듣고 보니 나는 지금 이자겸의 꼭두각시 노릇만 하고 있는 꼴이오. 비록 무장으로서 많은 공을 세웠고, 성상의 은혜를 입어 여기까지 이르렀지만, 이자겸이 폭정을 휘두르는 데 나 또한 많은 역할을 한 꼴이 되고 말았소."

척준경은 최사전의 설득과 인종의 교서에 마음이 크게 흔들렸다.

그런데 척준경과 이자겸의 사이가 결정적으로 벌어지는 사건이 터졌다.

이자겸의 아들인 지언이 거느리고 있던 노비 중 하나가

척준경의 노비와 사소한 일로 말다툼을 하다, 척준경을 비난하는 말을 했다.

"네 주인은 임금을 향해 활을 쏘고 궁궐에 불을 질렀으니, 죄가 사형에 해당된다. 그렇다면 너 또한 관노로 전락할 텐데 어찌하여 나를 욕보이느냐?"

이 말은 곧바로 척준경의 귀에 들어갔고, 척준경은 이자겸의 집으로 달려가 관복과 모자를 벗어 던지며 한바탕 소란을 피웠다.

"제 죄가 크니 마땅히 해당 관청에 나아가 스스로 변론하겠습니다!"

척준경은 뒤도 돌아보지 않고 이자겸의 집을 나섰다.

"척준경을 놓치면 대세를 그르치게 된다. 어서 직접 찾아가 사죄하고 척준경의 화를 풀어 주도록 해라."

이자겸이 서둘러 이지미와 이공의를 보내어 화해를 청했지만, 척준경은 욕지거리를 내뱉으며 받아들이지 않았다.

"저번의 난은 모두 너희가 저지른 일인데, 어찌 내 죄만

죽어 마땅한 것이라고 하느냐! 이 따위 대접이나 받을 바에는 차라리 고향으로 내려가 여생을 편안히 보내겠다."

척준경은 끝내 마음을 돌리지 않았고, 두 사람 사이는 하루가 다르게 틀어져 갔다.

최사전은 훌륭한 백마를 구해서 은으로 된 안장을 얹어, 많은 은화와 함께 인종의 이름으로 척준경 앞으로 보냈다.

"왕께서 이렇게 큰 선물을 보내시다니!"

척준경은 인종이 보내 준 선물을 받고 몹시 흡족해 했다.

척준경의 변화를 눈치 챈 이자겸은 인종을 북궁인 연경궁으로 옮기게 했다. 이자겸도 연경궁 남쪽에 거처를 마련했다. 그리고 북쪽 담장을 뚫어 수시로 인종을 감시했다. 또한 군기고에 두었던 갑옷과 병장기들을 모두 가져다가 자기 집에 두었다.

"척준경이 마음을 돌리지 않을 것 같으니, 왕을 호위하는 군사들을 움직여 왕을 없애고 내가 왕위에 올라야 되겠구나."

이자겸은 새로운 음모를 꾸몄다. 그러나 이러한 사실을 눈치 챈 인종은 서둘러 척준경에게 도움을 청했다.

'태조께서 창업하시고 여러 왕들이 뒤를 이어서 과인에게까지 이르렀는데, 왕조가 다른 성씨로 바뀐다면 짐의 죄일 뿐만 아니라 재상의 심각한 수치니 경은 도모하라.'

척준경은 인종이 보낸 밀서를 추밀 재상이며 병부 상서인 김향에게 보여 주었다.
"왕명을 따르겠습니다!"
김향이 왕명을 따르겠다고 하자, 척준경은 곧바로 김향과 함께 군사를 이끌고 연경궁으로 달려갔다.
그 동안 순검 도령인 정유황은 군사 1백 명을 이끌고 궁으로 들어갔다.
"먼저 왕을 보호해야 한다."
척준경은 왕을 호위하고, 활을 쏘아대는 이자겸의 무리

를 피해 무기를 보관하는 군기감으로 왕을 피신시켰다.

"군기감의 방비를 철통같이 하여, 이자겸 일당의 손에 무기가 넘어가지 않도록 하라!"

인종은 군기감 방비를 철통같이 하라는 명을 내렸고, 무기 하나 제대로 손에 넣지 못한 이자겸은 궁지에 몰리게 되었다.

대나무 숲
한국의 문헌에서는 『삼국사기』〈신라 본기〉에서 대나무를 찾아볼 수 있다. 신라에 이서국의 침략이 있었을 때에 댓잎을 귀에 꽂은 병사들이 도와주고 사라졌다고 한다.

"승선 강후현은 이자겸과 그의 처자들을 잡아 팔관보에 가둔 뒤, 측근인 강호와 고진수 등을 없애고 무리를 잡아들이도록 하라!"

척준경의 명을 받은 군졸들이 습격하는 바람에 이자겸의

부하들은 제대로 대항도 못한 채 패하고 말았다.

이자겸의 아들인 이지미는 군사 반란이 일어났다는 소리를 듣고 병력 1백여 명을 이끌고 광화문(황성의 정문)에 도착했으나, 문이 굳게 닫혀 들어가지 못했다. 그 사이에 이자겸이 체포되고 말았다. 또한 이자겸의 아들로 승려인 의장은 인종을 살해하기 위해 왕의 침소에 숨어 있다가, 내시들에게 발각되어 압송되었다.

"이제 죽을 일만 남았으니 옷을 갈아입을 시간을 달라."

사로잡힌 이자겸은 소복으로 갈아입었다.

다음날 이자겸은 아내와 아들인 지윤과 함께 영광으로 귀양을 가게 되었다.

"이자겸을 참형에 처해야 합니다!"

대신들이 이자겸을 참형에 처할 것을 요구했지만, 인종은 고개를 저었다.

"이자겸은 짐의 외조부이자 장인이 아니오? 그런데 어찌 죽일 수 있단 말이오? 유배형에 그치도록 하겠소. 이자겸의 측근들도 모두 유배를 보내고, 이자겸의 딸인 두 왕비도 폐위하도록 하시오!"

인종은 자신의 목숨을 살린 왕비까지 내쫓을 수밖에 없었다. 그러나 왕비들이 궁 밖에 나가 어려움 없이 살 수 있도록 많은 배려를 해 주었다.

이자겸의 두 딸은 이자겸이 쫓겨난 다음에 폐비가 되었지만, 왕의 목숨을 구한 공으로 괜찮은 대접을 받았다고 한다. 특히 둘째 왕비는 왕을 구한 공으로 극진한 대접을 받았다고 한다.

유배지로 떠난 이자겸은 그 해 12월에 비참한 최후를 맞았다. 이자겸의 몰락으로 경원 이씨는 귀족 반열에서 거의 자취를 감추게 되었다.

"이자겸의 반란을 통해, 외척을 중심으로 한 문벌 귀족에게 왕권을 빼앗기고 있었다는 것을 뼈저리게 실감했다. 앞으로 유명무실해진 왕권을 회복하기 위해 애쓸 것이다!"

이자겸의 반란이 평정되고 난 뒤, 인종은 천도할 계획을 세웠다.

"개경의 궁궐이 완전히 초토화되어 잿더미로 변해 버렸으니, 개경 땅은 이미 기운이 다한 것이 분명하다. 새로운 곳으로 천도하는 것이 옳을 것 같구나."

인종이 천도를 계획한 이유는 개경 땅의 운이 다해서만이 아니었다.

"내가 이자겸 일파와 맞서는 동안, 개경을 중심으로 한 문벌 귀족들은 하급 관료나 군장 세력과 달리, 왕권을 적극적으로 보호해 주지 못했다. 넓은 토지와 많은 노비 등 풍부한 경제적 기반을 누리느라 유명무실해지는 왕권에 대해서는 관심조차 없었다. 더는 나를 배신한 문벌 귀족들을 돌봐 주지 않을 것이다."

당시에 유교 정치 이념을 표방하여 충(忠)의 윤리를 강조하던 귀족 세력은 막상 왕권이 심각한 상황에 빠지자,

타성에 젖어 기득권을 지키는 데만 전전긍긍했다. 그 일로 인종은 개경파에게 심한 배신감을 느끼고 있었다.

이자겸의 두 딸을 폐위시키고 새로 맞이한 왕비는 임원애의 딸이었다. 그녀가 연덕궁주다.

인종은 1127년(인종 5)에 임신한 연덕궁주를 대동하고 서경으로 행차했다.

"먼저 태조대왕의 진전을 방문해서 그분의 초상을 알현하겠다!"

인조는 왕비 등 왕실 가족과 함께 서경성 남쪽 홍복사를 찾아가, 재추(宰樞)를 비롯하여 측근과 함께 대동강에서 배를 타고 연회를 즐겼다.

"궁궐로 돌아가 죄수들을 대대적으로 사면하겠다!"

인종은 죄수를 사면한 뒤에 동명성왕인 주몽을 기념하는 구제궁으로 옮겨, 천흥전에서 학술 모임을 열었다.

"정당문학인 김부일은 짐에게 『서경』을 강독하라!"

기린각에서도 승선인 정항에게 『서경』을 강독하게 했다.

"참으로 오랜만에 느껴 보는 한가로움이로구나. 이처럼 평화스러울 수가 있단 말인가."

인종은 맘껏 휴식을 즐겼다. 하지만 그 속에는 큰 계획이 숨겨 있었다.

"척준경은 임금인 나를 향해 화살을 날린 대역죄를 저지른 자다. 아직도 척준경이 병권을 장악하고 있으니 마음이 불안하기만 하구나."

인종은 척준경을 몹시 꺼렸다. 그런 인종의 속뜻을 가장 먼저 파악한 사람은 서경파인 정지상이었다.

정지상은 서경 출신으로 고려의 열두 시인 중 한 사람으로 꼽을 만큼 문장이 뛰어났다고 한다. 다섯 살 때에 이미 시를 지을 정도로 총명했으며, 학문이 깊어 김부식과 서로 겨룰 정도였다고 전해진다.

인종은 정지상이 자신의 속뜻을 헤아려 척준경을 탄핵해

주기를 바랐던 것이다. 그러기 위해서는 서경파에 힘을 실어 주지 않으면 안 되었다.

인종의 마음을 읽은 정지상은 곧바로 척준경을 탄핵하는 상소를 올렸다.

'병오년(인종 4) 2월에 척준경이 최식 등과 모의하여 대궐을 침범했을 때, 주상께서 신봉문 누각에 행차하시자 군사들이 환호하며 스스로 무장을 해제했습니다. 하지만 오직 척준경만이 왕명을 받들지 않고 오히려 군사들에게 위협을 가했으며, 폐하가 계신 곳으로 화살을 날리기까지 했습니다. 또한 척준경은 군사를 이끌고 왕의 처소로 들어가는 문으로 돌진하여 궁궐을 불태웠으며, 왕께서 남궁으로 옮기실 때에는 좌우를 지키던 신하들을 모조리 잡아 살해했습니다. 이전에 난을 일으켰던 자들도 척준경처럼 잔인무도한 경우는 드물었으니, 진실로 천하의 큰 악이 아닐 수 없습니다. 5월의 일은 일시의 공로고, 2월의 일은 만세의 죄입니다. 폐하께서는

암사동의 선사 주거지
암사동 선사 주거지는 약 6천 년 전인 신석기 시대에 신석기인들이 집단으로 취락을 이루어 살던 곳이다. 당시의 주거 환경과 외양 등 생활상을 출토품을 근거로 하여 복원해 두었다.

비록 사람을 차마 벌하지 못하는 성품을 지니셨지만, 어찌 일시의 공로만으로 만세의 죄를 가릴 수 있겠습니까.'

인종은 정지상의 상소를 받아들였고, 이듬해인 1127년 3월에 척준경을 전라도 서쪽의 섬인 암타도로 유배했다. 또한 척준경의 측근 세력인 최식, 이후진, 소억, 정유황, 윤한 등도 모두 귀양 보냈다.

정지상을 중심으로 한 서경파는 여진족을 정벌한 척준경과 가까운 편이었다. 하지만 척준경이 금나라를 사대하는 외교를 선택하자, 그 뒤로 서경파는 완전히 척준경에게서 등을 돌리게 되었을 것으로 보인다.

인종은 이 점을 이용하여 정지상으로 하여금 척준경을 탄핵하는 상소를 올리라는 암시를 했고, 정지상에게 힘을 실어 주기 위해 서경으로 행차한 것으로 짐작된다.

1144년에 인종은 척준경의 공로를 참작하여 재임명하려 했지만, 이미 오랜 유배 생활에서 등창을 얻은 척준경은 그곳에서 숨을 거두었다.

인종은 척준경의 일을 해결한 뒤에 기린각에 행차하여 정지상에게 서경을 강독하도록 하고, 수행한 신하와 서경의 유신(儒臣)들 스물다섯 명을 불러서 시를 짓게 했다.

"술과 음식을 하사할 것이니 오늘 하루는 마음껏 먹고 즐기도록 하라!"

인종은 기린각에서 척준경 세력을 제거한 기념 연회를 개최한 것으로 보인다. 척준경을 제거하는 데 도움을 준 서경 세력에 사례하는 연회였을 것이다. 인종의 서경 행차는 서경 세력과 사전에 이미 짜여져 있던 일이었고, 인종은 윤언이·정지상과 철저하게 협조하여 척준경을 축출한 것으로 보여진다.

척준경이 제거된 후에 서경 세력은 하루가 다르게 급부상했다. 그 중에서도 묘청과 백수한, 정지상 등이 핵심 인물로 등장했다.

"나는 이자겸이 일으킨 정변에서 측근을 대부분 잃고 말았다. 그나마 남아 있는 측근을 활용하여 세력 기반을 넓히지 않으면 안 된다."

결국 인종은 서경 세력을 새로운 측근으로 삼으려 했던 것이다.

서경 천도의 꿈

 서경 세력은 중앙에 지지 기반이 약했다. 서경인들은 정지상을 통해서만 중앙과 연결될 수 있었다. 정지상 또한 장원 급제하여 이름을 날렸지만, 중앙에서의 배경은 그다지 튼튼하지 못했다. 하지만 정지상은 윤언이의 도움을 받으며 순조롭게 중앙에 진출할 수 있었다.

 "서경 세력을 통해 아버지께서 못다 이루신 북벌 정책의 꿈을 이뤄야 한다. 예전에는 이자겸과 척준경 때문에 북벌 정책의 꿈을 이룰 수 없었지만, 이제는 막강한 두 세력이 사라졌다. 다만 김부식 같은 개경 세력이 북벌 정책에 반대하고 있지만, 내가 개혁 세력을 양성하여 중앙에서 힘을 기른다면 언젠가는 북벌 정책의 꿈을 다시 이룰 수 있다."

윤언이는 윤관의 아들이라는 이유만으로 반대 세력이 많았다. 윤언이는 혼자 힘으로는 절대 세력을 강화할 수 없다는 것을 잘 알고 있었고, 따라서 신진 세력이 절실했다. 결국 윤언이는 새로운 세력을 필요로 하는 인종을 도와, 정지상을 비롯해 수십 명의 신진들을 개혁 세력으로 양성했다.

 인종이 서경에 오랫동안 머물며 서경 세력에 힘을 실어 주자, 묘청은 그 기회를 놓치지 않았다. 묘청은 일관인 백수한을 제자로 삼고, 음양 비술이라 일컬어지는 풍수설을 바탕으로 정지상을 비롯한 서경 세력을 규합했다.

 "태조께서는 훈요 십조에서 서경은 수덕(문의 덕)이 순조로워서 우리 나라 지맥의 근본으로서 만대에 이르도록 대업을 누릴 땅이니, 왕들은 사계절의 중간 달마다 순행하여 서경에 머물기를 백 일씩 하라고 당부했습니다. 이제 개경의 운이 다했으니, 서경으로 천도해야만 나라가 더욱 더 부강해질 수 있습니다."

묘청의 서경 천도론을 가장 반긴 사람은 서경 출신인 정지상이었다.

정지상은 자신의 출세에 대해 큰 불만을 품고 있었다.

북한산
예로부터 한산·화산·삼각산 등 여러 가지 이름으로 불려 왔으며, 백운대·인수봉·만경대(799m) 세 봉우리가 모여 있어 주로 삼각산이라고 불렸으나, 일제 강점기 이후로 점차 사용하지 않게 되었다. 북한산이라 불리게 된 것은 조선조 중종 때에 북한산성을 축성한 뒤부터라고 추정하기도 한다.

"개경 정부는 자비령 이남을 지배하고, 서경 정부는 그 이북을 지배하고 있다. 그런데도 개경 정부는 서경까지 감독해 왔다. 그러다 보니 서경 출신으로 중앙 정계의 고위직에 오르거나 두각을 나타내는 인물을 거의 찾아보기 어려운 것이 지금의 상황이다."

정지상은 장원 급제를 했음에도 불구하고 2년이 지난 뒤에야 중앙에 등용되었다.

"장원을 했으면서도 2년 동안 등용되지 못한 채 허송세

월을 보내야 했던 것은, 그만큼 서경인은 중앙에서 출세하기 어렵다는 것을 뜻한다."

 정지상은 서경에서는 제아무리 출세해 봤자 재상에 오를 수 없다는 것에 크게 불만을 품고 있었던 것이다.

 "만일 어떤 개선책이 나오지 않는다면, 머잖아 서경은 변방의 땅으로 전락하고 말 것이다."

 서경 세력은 어떤 식으로든 탈출구가 필요했고, 야망이 큰 정지상에게 묘청의 서경 천도론은 큰 관심을 끌기에 충분했다.

 "서경 출신으로 중앙에 손이 닿는 사람은 유일하게 나 하나뿐이니, 내시인 김안을 만나 이 일을 신중하게 의논하도록 하겠습니다."

 정지상은 묘청과 많은 의논을 나눈 뒤에 곧바로 김안을 만나 묘청의 음양 풍수 도참설을 전했다.

 "폐하를 받들어 서도(서경)로 이어(移御)하시게 하여 상경으로 삼으면 중흥 공신이 될 것이니, 그리 되면 한 몸이

부귀하게 될 뿐만 아니라 자손의 무궁한 복이 될 것입니다."

김안도 묘청의 서경 천도론을 크게 반겼다.

"안 그래도 폐하께서는 개경에 정이 떨어져 계십니다. 서도로 이어하여 상경으로 삼는 일은 별로 어렵지 않을 것입니다."

김안이 묘청과 백수한의 뜻에 따르기로 하자, 승선인 홍이서와 이중부 및 대신인 문공인(문공미)과 임경청도 뜻을 함께했다.

그들은 뜻을 모아 인종에게 올릴 상소문을 작성했다.

'지금 서경에는 묘청이라는 승려가 있는데, 그분은 지리 도참설에 아주 능해 고려 전체에서 그분을 따를 자가 없을 정도입니다. 그가 하도 훌륭하여 서경 사람들은 그를 성인처럼 여겨, 그가 한 말을 믿고 따르고 있습니다. 묘청의 제자인 백수한도 뛰어난 인물입니다. 그러니 그에게 국가의 대사를 소

상히 자문한 후에 정사를 처리한다면, 반드시 국가의 태평성대를 보장받을 수 있을 것입니다.'

정지상을 중심으로 한 홍이서, 이중부, 문공인 등은 김부식과 임원애, 이지저 등을 제외한 중신들에게 이 문건을 돌려 서명을 받기까지 했다.

『고려사』에는 정지상 무리의 상소문이 올라오자, 인종은 묘청의 설을 의심하면서도 많은 사람들이 지지하는 바람에 믿지 않을 수 없었다고 기록되어 있다. 하지만 뒷날에 묘청이 실각한 후, 왕의 변명이 소급되어 기록되었을 것으로 추측하고 있다. 오히려 인종은 서경 세력과 묘청의 설에 기대어 개경 세력을 견제함으로써 추락한 왕권을 강화하려 했을 것이다.

인종은 정지상의 상소를 받아들여 묘청을 입궐하게 했다. 1128년(인종 6)의 일이었다.

"서경의 임원역 땅은 음양가들이 말하는 대화세(꽃이 활짝 핀 형태의 명당을 말함)인데, 만약 이곳에 궁궐을 짓고 폐하께서 옮겨 앉으시면, 천하를 다스릴 수 있는 운을 받게 되십니다. 또한 금나라가 공물을 바치며 스스로 항복해 올 것이고, 주변의 서른여섯 개 나라가 모두 조공을 바치게 될 것입니다."

묘청의 탄생에 대해서는 알려진 것이 전혀 없다. 다만 서경(또는 개경)에서 태어나, 10대에 승려가 되어 풍수지리설을 익혔다는 것 정도가 전부다.

본관은 전혀 알 수가 없고, 뒤에 이름을 정심이라고 고쳤다는 기록이 있지만, 그 경위도 알 수 없다.

묘청과 백수한, 정지상은 모두 서경 출신이었다. 그들은 서경에서 자라고 활동했기 때문에, 오래 전부터 서로 교류하며 영향을 주고받았을 것으로 보인다. 그러다 인종이 서경에 행차한 이후에 더욱 가까워져, 정치적 동지가 되었을 것으로 짐작

한라산의 봄
한라산은 지질학상 제3기에 분화한 화산이며, 주변에는 360개의 측화산과 오름이 형성되어 있다. 11세기 초인 고려 시대에 최종 분화를 마쳤다고 보고 있다. 전형적인 순상 화산이다.

된다.

지리 도참설은 중국의 주나라 때에 혼란기를 맞아 움튼 것으로, 우리 나라에서는 신라 말부터 성행하였다. 땅을 단순히 무생물이나 농작물을 재배하는 장소로만 생각하지 않고, 만물을 회생시키는 활력을 가지고 있다는 믿음이었다. 또한 대지의 힘에 의해 인간의 길흉과 화복이 결정된다고 믿었고, 특히 터가 좋고 나쁨에 따라 집안의 행복이 달라지며, 큰 인물도 좋은 터에서 태어난다고 믿었다.

이런 지리 도참설은 전국으로 퍼져 있었고, 도참설에 밝고 예언을 잘하는 사람은 절대적인 추앙을 받았다. 특히 묘청은 하늘에서 내린 성인으로 추앙받을 정도로 백성들 사이에서 이름이 높았던 것으로 보인다.

이미 문벌 세력이 기승을 부리는 개경을 떠나기 위해 천도를 계획하던 인종에게 묘청의 말은 큰 위안이 되었다.

"풍수상 개경은 주위가 산으로 조밀하게 둘러싸인 장풍의 땅인데, 서경은 대동강이라는 큰 강에 면한 득수의 땅이라고 할 수 있습니다."

정지상과 백수한도 묘청의 말을 거들었다. 그 뒤로 인종은 정지상과 백수한, 묘청을 늘 가까이 두고 많은 일을 의논했다.

"정지상은 국학을 통해 널리 인재를 등용하려 한 곽여[*]의 제자로 부국강병에 남다른 안목을 갖추고 있고, 백수한은 천문과 수리를 연구하던 과학자로 합리적 사고를 지닌 인물이다. 묘청을 비롯해 그들은 이자겸의 전횡 같은 정치적 폐단을 없애야만 나라가 살 수 있다고 믿는 혁신적인 인물들인 셈이니, 그들이야말로 내가 찾던 신진 세력이로구나."

인종은 묘청을 왕실의 고문으로 삼았다. 또한 백수한도 일관(나라의 일을 점쳐서 좋고 나쁨을 판단하는 관리)으로 삼았다.

그러자 김부식이 강하게 반대하고 나섰다.

"한낱 중과 점쟁이를 국왕의 고문으로 임명하는 것은 참으로 잘못된 일입니다. 더군다나 천도 계획은 나라의 운명

곽여는 일찍이 문과에 급제, 내시부에 속했다가 합문 지후를 거쳐 홍주를 다스렸으며, 예부원외랑이 되었다. 그러다가 벼슬을 그만두고 금주의 초당에 돌아가 시작(詩作)에 골몰했다. 1105년에 예종이 즉위하자, 세자일 때에 사귀었던 정으로 궁중에 불려가 순복전에 있으면서 왕의 스승으로서 담론에 응했다. 뒷날 물러날 때에 왕이 성동의 약두산에 산재를 짓게 하고 허정재라는 편액을 하사, 왕이 산책을 나오면 함께 시를 읊고 즐겼다. 죽은 뒤에 왕이 정지상에게 〈산재기〉를 쓰게 하고, 비를 세웠다.

이 달린 문제인데, 그렇게 중요한 일을 그들과 상의하여 따른다는 것은 자칫 국정을 크게 그르칠 위험이 있습니다. 일개 승려를 왕실 고문으로 삼는다는 명을 거두어 주십시오!"

그러나 정지상과 김안 등 서경 세력이 강력하게 김부식과 맞섰다.

"이미 이자겸의 난을 겪으며 개경은 초토화되고 말았습니다. 일찍이 태조께서 서경을 중히 여기신 것은 그만큼 지덕이 강한 곳이기 때문입니다. 더 늦기 전에 서경으로 천도하여 새로운 정치를 펴는 것이야말로 흉흉해진 민심을 바로잡을 수 있는 길입니다."

인종은 이자겸의 난으로 겪은 수모와 불타 버린 대궐에서 하루빨리 벗어나고 싶었다. 그래서 새로운 터에 궁궐을 짓고, 새 사람들과 새로운 환경 속에서 새롭게 나라를 이끌고 싶은 생각이 간절했다.

인종은 3월에 서경에서 국정을 쇄신하는 지침이 담긴 칙령을 반포했다.

 '짐이 즉위한 이래 재변이 이어져 안녕한 해가 없었는데, 작년 2월에 역적이 난을 일으켜 부득이 처벌하였다. 짐의 부족함을 책망해 오다가 일관(천문관)의 건의를 수용해, 서도(서경)에 행차하여 짐의 과오를 반성하는 한편, 유신의 가르침이 있기를 바라서 전국에 포고한다.
첫째, 땅의 신령에게 제사하여 좋은 기운을 맞이하려 한다.
둘째, 지방에 왕의 사신을 파견해서 지방관들을 감찰하여 고과를 매기려 한다.
셋째, 수레와 의복의 제도는 검소함을 따라야 한다.
넷째, 쓸데없는 관직을 없애려 한다.
다섯째, 농업을 장려하고 경작에 힘써, 백성의 음식을 넉넉하게 하려 한다.
여섯째, 시종관이 각기 한 사람을 천거하되, 부적격자를 천거한 경우에는 처벌한다.

일곱째, 관청에 곡식을 저장해 두어 백성을 구휼하는 데 힘쓰려 한다.

여덟째, 백성에게 정해진 이외의 세금을 마음대로 걷지 말라.

아홉째, 병사를 어루만지고 구휼해야 하니, 정규 훈련 외에 노동에 동원하지 말라.

열째, 백성을 어루만져 토지에 안주하게 하고, 도망해서 유랑하지 않도록 하라.

열한째, 재위보(빈민의 구호 및 질병 치료를 맡은 기관)와 대비원은 물품을 많이 축적하여 질병을 구제하도록 하라.

열두째, 관청 창고의 묵은 곡식을 빈민에게 억지로 배분해 이자를 강제로 취하지 말라. 또한 썩은 곡식을 백성에게 강요해 찧도록 하지 말라.

열세째, 진사를 선발하는 데에 다시 시·부(賻)·논술을 사용하라.

열네째, 여러 주에 학교를 세워 도리를 널리 가르쳐라.

열다섯째, 산과 연못의 이익을 백성과 함께 공유하라.'

이 즈음에는 이자겸과 척준경의 정변으로 궁궐이 모조리 불타고 왕권이 추락한 데다, 연이은 자연 재해와 질병으로 백성의 생활이 몹시 궁핍해 있었다. 인종은 서경에서 유신 칙령을 반포함으로써 서경 세력을 중심으로 나라를 재건할 뜻을 보였던 것이다.

서경에서 반포된 '유신' 칙령은 서경 출신의 대문장가인 정지상과 윤언이가 작성한 것으로 짐작하고 있다.

인종이 서경에서 유신 칙령을 반포하자, 서경 백성은 크게 기뻐했다.
"우리가 나라로부터 큰 선물을 받았어. 왕이 서경에서 유신 칙령을 내린 것은 앞으로 서경이 고려의 중심이 된다는 뜻 아닌가?"

보성 녹차 밭
보성은 전라남도 남부에 있는 군으로 녹차, 꼬막 등의 특산물로 유명하다. 벌교읍은 일제 강점기에 호남 지방에서 쌀 수탈의 중심지 중 한 곳이었으며, 현재는 다소 쇠퇴하였으나 상업이 매우 발달하여 '벌교 가서 주먹 자랑하지 마라' 하는 속담이 있기도 하였다.

"그 동안 서경은 변방이나 진배없었는데, 이제야 나라의 중심이 되는구먼."

"이제 서경 천도를 공식화하고 궁궐을 짓기 시작하면, 왕실도 개경으로 옮겨 올 것이고, 그렇게 되면 서경은 하루가 다르게 잘사는 곳이 될 걸세."

그런데 유신 칙령을 반포한 직후, 서경에서는 큰 경사를 맞았다. 연덕궁주인 임씨가 원자(훗날 의종)를 낳았던 것이다. 그 때가 1127년(인종 5)이었다.

"이보다 더 경사스러운 일이 어디 있단 말인가. 이자겸에 의해 축출당했던 한안인 일파를 소환하여 복권시켜서 오늘의 경사를 축하하겠다!"

인종은 축출되었던 문공미를 이부 상서에 임명하고, 한안중 · 한충 · 문공유 · 이신의 · 정극영 · 임존 · 최거린 등도 사면하여 벼슬을 내렸다.

인종은 2월에 서경으로 행차하여 그 해 7월까지 머물렀다. 인종이 서경에 머문 여섯 달 동안은 척준경 세력의 몰락과 서경 세력의 대두를 가져온, 대전환의 기간이었다.

그러나 조정 안에는 천도설에 반대하는 세력도 만만치 않았다.

"폐하, 서경으로 도읍을 하면 금나라가 고려에 항복해 온다는 허무맹랑한 말에 넘어가셔서는 안 됩니다. 현실을 바로 보십시오!"

개경 세력이 끝까지 천도설에 반대했지만, 인종은 뜻을 바꾸지 않았다.

"임원역에 대궐 짓는 일은 김안이 맡도록 하라!"

마침내 인종은 임원역(평남 대동군 부산면 신궁동)에 대궐을 지으라는 명을 내렸다. 김부철(김부식의 동생)이 묘청의 신궁 건설을 강력하게 반대했지만, 인종은 물러서지 않았다.

"백성들 가운데에는 여러 이유로 억울하게 죽은 자들이 많습니다. 그 원혼들을 달래 주는 관정 도량을 열면, 백성들이 모두 몰려와 마마의 은덕에 감사할 것입니다."

묘청은 인종에게 서경에서 관정 도량을 열어 백성을 위로하기를 요청했다.

"그것 참 좋은 생각이오. 즉시 상안전에서 관정 도량을 열도록 하시오!"

관정 도량을 연다는 소문이 퍼지자, 서경 사람들은 상안

전으로 구름처럼 몰려들었다.

"천지신명이시여, 서경에 납신 폐하의 만수무강을 기원해 주시고, 억울하게 죽은 백성들의 원혼을 풀어 주십시오. 폐하의 서경 천도 대업을 무난히 이루게 하시어 부강한 고려를 건설하도록 해 주십시오."

서경 사람들은 묘청의 기도를 들으며, 억울하게 죽은 영혼들의 한이 풀렸다고 믿었다.

"임금께서 직접 서경까지 납시어 관정 도량을 열어 주시고, 죽은 영혼들을 달래 주시니 얼마나 고맙고 감사한 일인가."

"아무렴. 그 동안 백성들은 관리나 부자들로부터 약탈만 당해 왔는데, 임금께서 이곳까지 납시어 불쌍한 우리 백성의 아픔을 어루만져 주시다니, 이제야말로 태평성대를 누릴 수 있을 것 같구먼."

"어디 그뿐인가? 대화궁이 완성되면 천하를 통일할 수 있고, 금나라도 저절로 항복해 온다잖아."

서경 사람들 모두 풍수지리설을 믿었고, 그런 만큼 묘청의 주장은 큰 호소력을 갖고 있었다.

1127년 11월에 마침내 궁궐 짓는 공사가 시작되었다.

총책임을 맡은 김안은 인부들을 심하게 재촉하며 궁궐 짓는 일을 서둘렀다.

"궁궐이 빨리 지어져야 폐하께서 서경에 자주 행차하실 것이고, 서경으로 천도를 서두를 수 있다."

김안은 이름난 목수들 모두 궁궐 짓는 데 동원했다. 서경의 백성들도 많이 동원되어 궁궐 짓는 일에 매달려야만 했다. 북쪽의 11월은 몹시 추웠다. 백성들은 추운 날씨에도 불구하고 동원되어 궁궐 짓는 일에 매달리느라, 고생이 이만저만이 아니었다.

"서경으로 천도한다기에 좋아했더니, 우리가 이런 지옥을 짓는 줄은 꿈에도 몰랐군."

"이렇게 추운 날 뼈가 부서져라 일을 해야 하니, 우리 백성들은 짐승 취급도 못 받는구나."

눈보라를 무릅쓰고 궁궐을 짓는 동안, 백성들의 원망은 하루가 다르게 쌓여만 갔다.

겨울이 지나고 다음해 2월에 대화궁의 일부가 완성되었다. 묘청은 궁궐을 짓는 동안 수시로 공사장에 나타나 살펴보고는 했다.

개경 세력과 서경 세력의 충돌

인종 7년(1129) 2월, 인종은 많은 신하들을 거느리고 서경으로 행차해 낙성식을 가졌다.

인종은 대화궁 건룡전에서 여러 신하들의 축하를 받았다. 그 중에서도 묘청과 백수한, 정지상 등이 인종 앞에서 들뜬 표정으로 말했다.

"폐하, 하늘도 폐하께서 맞이하신 오늘의 영광을 축복해 주었습니다. 방금 폐하께서 전각에 오르실 때, 하늘에서 아름답고 신비한 음악 소리가 은은하게 들려왔습니다. 이는 폐하께서 대화궁에 드신 것을 하늘이 축복하는 것이며, 앞으로 서경에서 국정을 수행하시라는 계시이기도 합니다."

마이산
이 산은 신라 시대에는 서다산으로, 고려 시대에는 용출산, 조선 초기에는 속금산, 조선 태종 때부터 말의 귀를 닮았다 하여 마이산이라 불리어 왔다.

그런데 세 사람은 대신들을 따로 만나, 그 일은 몹시 상서로운 일이니만큼 글로 써서 왕에게 축하 표문을 올리고, 역사에 길이 남기자고 주장했다. 그리고 정지상이 곧바로 글을 작성했고, 세 사람은 대신들에게 서명할 것을 요구했다. 하지만 재추(수상의 직급)는 자신들이 비록 늙었지만 귀머거리는 아니라며, 단호하게 거절을 했다.

"내 비록 늙었지만, 아직 하늘의 소리마저 못 들을 정도로 귀가 어둡지는 않소. 내가 듣지도 않은 소리를 들었다고 어찌 거짓 서명을 하여 역사에 남기겠소!"

"하늘의 소리를 들은 사람만이 서명을 해야 할 것이오. 듣지도 못한 우리에게 서명하라고 강요하지 마시오!"

묘청은 불같이 화를 내며 소리쳤다.

"하늘의 소리를 못 들은 것이 아니라, 서경 천도 계획을 반대하기 때문에 서명하지 못한다고 말하는 것이 옳지 않습니까?"

결국 재상들이 협조를 거부하는 바람에 축하 표문을 인종에게 올리지 못했다.

"서경 백성이 추운 겨울에 새로운 궁궐을 짓느라 많은 고생을 했으니, 올해의 세금을 모두 감면해 주겠다. 또한 감옥에 갇힌 죄수들의 형도 감해 주도록 하겠다!"

인종은 서경에 새로 지은 궁궐에 든 것을 축하하는 의미로 백성에게 여러 특전을 베풀었다.

"폐하, 하루빨리 서경으로 천도하신 후에 칭제 건원을 선포하시고, 연호를 정하여 쓰도록 하십시오."

"서경에 다시 왕업의 기운이 서렸습니다. 서경은 고구려의 도읍지이기도 했으며 단군왕검의 안식처입니다. 서경으로 수도를 옮김으로써 고려가 고구려와 같은 나라로 부

흥할 수 있을 것입니다. 남쪽에 있는 유제와 우리 고려가 힘을 합쳐 금나라를 공격한다면, 옛날 윤관 장군이 여진을 공격해 대승을 거두었듯이 우리 고려는 반드시 금나라를 이길 수 있을 것입니다."

묘청과 정지상은 앞으로 혁신적 정치를 펼친다면 금나라를 비롯한 여러 나라가 모두 고려의 그늘 아래로 모일 것이라고 주장하면서, 칭제 건원과 금국 정벌을 내세웠다. 그러나 개경 세력도 물러서지 않았다.

"중국의 유제와 연합하여 금을 협공해 멸망시키겠다니! 정신이 있는 거요, 없는 거요? 유제는 금나라가 세운 꼭두각시 나라가 아니오? 그런데 고려와 연합하여 금나라를 칠 거라고 본단 말이오?"

"지금까지 금나라가 황제 나라고 우리 고려는 신하 나라라 해마다 금나라에 조공을 바치며 눈치를 살피는 형편인데, 황제라 부르고 연호를 정한다면 결코 무사할 수 없을 것이오!"

그런데 윤언이도 나서서 칭제 건원에 찬성했다.

"이자겸과 척준경이 세력을 잡고 있을 때, 이자겸이 자신의 권세를 지키기 위해 금나라와 비굴하고 굴욕적인 외교 관계를 맺게 했으나, 여진족이 세운 금나라를 황제국으로 대하는 것은 고려의 큰 수치입니다. 폐하를 황제로 칭하고 우리 연호를 쓰는 데도 금나라의 눈치를 본다는 것은 참으로 부끄러운 일입니다."

윤언이는 서경 세력이 아니었다. 그러나 묘청이 주장하는 칭제 건원과, 여진족이 세운 금나라에 맞서자고 주장하는 데는 뜻을 같이했다.

신채호는 황제를 칭하고 금을 정벌하자는 '칭제 북벌론'의 영수로 윤언이를 꼽았다. 그리고 다음이 묘청, 세 번째를 정지상으로 보았다. 그러나 윤언이는 묘청과 정지상의 서경 천도 운동에까지는 동참하지 않았다고 했다.

"고려의 시조인 태조와 광종께서도 연호를 만들어 쓰셨고, 신라와 발해에서도 연호를 만들어 썼습니다. 그러나 그러한 이유 때문에 침략을 받은 일은 없었으며, 힘이 약한 나라가 연호를 만들어 쓴다고 문제삼은 일도 없었습니다."

윤언이가 서경파의 주장에 찬성하고 나서자, 묘청과 정지상은 더욱 기세를 올려 칭제 건원과 함께 금국 정벌을 강력하게 주장했다.

"금국을 정벌하여 옛 고구려 땅을 반드시 되찾아야 할 것입니다!"

고구려의 멸망 이후, 고구려 수복 운동은 고려가 개국된 후에도 계속되었다.

비록 겉으로는 중국을 염두에 두어 한반도로 영역을 국한시키는 것 같았지만, 고려 초에 여러 왕들은 기회만 닿으면 고구려의 옛 땅을 되찾으려는 큰 뜻을 갖고 있었고, 묘청은 인종에게 그 뜻을 반드시 이뤄야 한다고 주장했던 것이다.

 신라는 애초부터 대동강 이남의 백제 땅과 고구려의 남쪽 영토를 차지하는 데 만족했고, 그 이상의 국토 확장이나 서경 이북의 고구려 옛 땅을 수복하는 데는 별다른 관심이 없었다. 수도도 한반도의 중심지가 아닌 경주에 그대로 둠으로써 강제 통합에 따른 고구려, 백제인들의 갈등을 해소하려는 노력도 하지 않았다.

 묘청은 인종에게 신라와 고려가 상당히 다른 정치 이념을 갖고 출발했음을 일깨워 주려 했다.
 "만일 신라가 진정으로 민족적 화합을 원했다면, 과감하게 옛 백제의 땅으로 천도하거나 다른 조치를 취했어야 합니다. 그런데도 경주에 연연하고 말았던 것은, 결국 기득권이나 유지하면서 백제와 고구려를 단지 점령지로만 여겼다는 것입니다. 신라 왕조는 대동강을 넘을 수 없었고, 신라가 멸망할 때까지 한 번도 고구려와 백제의 옛 땅을 찾으려는 노력을 기울이지 않았습니다. 그러나 고려를 세운 태조께서는 애초부터 고구려와 발해의 후예임을 천명하시고, 옛 땅을 반드시 찾을 것을 공공연히 주장하셨습니다."

태조 왕건은 후삼국 통일 전부터 고구려의 수도였던 평양(서경)을 비롯해서 북쪽 국경 지대를 자주 돌아다녔다. 그것은 단순한 정치적 계산이 아니라 반드시 잃어버린 고구려의 옛 땅을 되찾겠다는 신념이었다. 그리고 자신이 못 이룬 북벌의 꿈을 반드시 후대에서 이뤄 주길 바랐던 것이다. 그러나 윤관이 애써 찾은 9성을 여진에 반환한 뒤부터 고려는 날로 힘을 잃어 가고 있었고, 반대로 여진은 금나라를 세워 고려를 위협하고 있었다. 묘청은 더 늦기 전에 선조들의 꿈이기도 했던 고구려의 옛 땅을 수복해야 한다고 주장했던 것이다.

"태조께서는 신하들에게 통일이 이뤄지면 서경에 도읍하겠다는 계획을 밝히셨지만, 그 뜻을 이루지 못하셨습니다. 또한 정종께서는 태조의 뜻을 이어, 서경 왕성을 쌓은 뒤에 서경 천도 계획을 세워 궁궐 조성 등 사전 작업에 착수하셨지만, 왕위에 오른 지 4년 만에 세상을 등지는 바람에 그 뜻을 이루지 못하셨습니다. 광종께서도 개경을 황도, 서경을 서도로 개칭함으로써 서경을 대등한 위치로 격상시켜 북방 개척의 중심지로 삼으셨던 것입니다. 그러니 폐하께서는 서경 천도를 서둘러 반드시 옛 고구려 땅을 수복하도록 하십시오."

마이산의 봄 풍경

예전에 고려에서도 태조 왕건이나 광종 때에, 독자적인 연호를 쓰거나 황제를 칭한 적이 있었다. 그러나 중국이나 북방 강국의 연호를 썼고, 고려 국왕은 형식적으로나마 그들로부터 국

왕을 책봉받았다. 하지만 고려에서는 임금을 천자, 혹은 황제라 즐겨 불렀으며, 모후를 태후, 배우자는 후나 비, 후계자는 태자, 자녀는 제왕(諸王)과 공주라 불렀다. 또 친왕과 공훈 관료는 공이나 후에 책봉했고, 대궐은 궁성과 그 바깥의 황성으로 이루었으며, 관부는 3성 6부 내지 2성 6부 체계로 황제국 체제를 모두 갖추었다. 하지만 고려는 평화를 유지하기 위하여 대외적인 칭제 건원은 되도록 피해 오고 있었다.

그런데 고려를 섬기던 여진족이 금나라를 세우고 칭제 건원을 한 뒤에 거란족인 요를 멸망시키고 송나라를 압박하자, 고려인들의 자존심이 크게 상했을 것이다. 그러자 서경파는 태조 왕건이나 광종의 예처럼 '칭제 건원'을 하고, 9성의 반환 이후에 침체된 북벌 정책을 회복하자고 한 것이다. 서경파는 인종이 서경으로 천도해 칭제 건원함으로써 고려를 황제국으로 만들기를 원했고, 더 나아가 고려가 금나라를 정벌하여 천하의 중심이 되기를 바랐다. 또한 금나라를 정복하는 데 그치지 않고 36국을 병합하기를 원했다. 도교에서 36국은 온 세계를 상징하는 개념이다. 서경파는 고려가 금나라는 물론이고, 중국을 포함하여 전세계를 지배하는 중심 국가가 되기를 꿈꾸었던 것이다.

인종은 묘청의 말대로 서경으로 천도를 서두르지 않는다면, 고구려 옛 땅의 수복이 요원함은 물론이고, 군사력과 부를 유지하려는 개경 세력의 부패와 부조리로 인해 결국 왕권 자체마저 위협을 받고 말리라는 것을 잘 알고 있었다. 또한 태조 이래로 천도의 대상이 되었던 서경 세력이 서경 천도를 서두르는 것도, 부패한 개경 세력을 척결하고 개혁 정치를 펼치려는 것임을 잘 알고 있었다.

그러나 인종은 김부식을 중심으로 한 개경파 신하들의 심한 반대에 부딪혀 선뜻 결정을 내릴 수가 없었다.

"중국의 당 고종은 두 번이나 조서를 내려 그 원한을 풀도록 했으나, 백제는 겉으로 따르는 척하면서 속으로는 이를 어겨 대국에 죄를 지었으니, 그 멸망은 당연했습니다.

고구려 또한 큰 나라며 정신적 모국인 중국에 저항하다가 결국 몰락의 길을 걷고 말았습니다. 우리 고려는 금나라를 공격할 만한 능력이 없을 뿐만 아니라 나라 안팎이 어지러워, 자칫 잘못하다가는 나라 전체가 위험에 빠질 수 있습니다."

"묘청의 주장대로 황제라 부르고 연호를 정해 쓴다면, 금나라는 결코 가만있지 않을 것입니다."

"약한 나라가 강한 나라를 섬기는 것은 당연한 일이니, 고려 땅을 전쟁터로 만드는 결정은 절대 내리지 마십시오."

"크고 강한 나라에 형식적으로라도 사대의 예를 갖춘다면, 별 탈 없이 편안하게 지낼 수 있습니다."

개경 세력의 반대는 쉬지 않고 이어졌다. 고려가 서경으로 천도를 하고 칭제 건원과 금국 정벌 주장이 받아들여진다면, 가장 많은 손해를 보는 쪽은 권력을 잡고 있는 개경파였다. 그런 탓에 김부식을 비롯한 개경파의 반대는 강할 수밖에 없었던 것이다.

　인종은 대화궁이 완성된 뒤, 서경에서 한 달간 머물다가 3월 12일에 개경으로 돌아왔다. 그리고 그 해 8월 25일에 다시 서경으로 행차했다. 그런데 인종이 두 달 가까이 서경에 머무는 동안 변덕스러운 날씨가 계속되었다. 그리고 9월 25일, 갑자기 맑은 하늘에 먹구름이 몰려오더니, 대화궁 근처 30여 군데에 벼락이 떨어졌다.

　"벼락이 중흥사에 떨어졌다!"

　"중흥사 탑이 벼락을 맞아 부서지고, 불이 붙어 타고 있다!"

　"하늘이 노해서 벼락을 내린 것이다!"

　"중흥사가 어떤 절인가? 고려에서 가장 중요한 의미가 있는 탑이 있는 곳이 아닌가!"

　놀란 민심은 절의 탑이 벼락을 맞아 불타는 것을 신의 노여움이라 받아들였다.

무주 구천동 계곡
전북과 경남에 걸쳐 있는 덕유산 북쪽 사면에서 발원하는 남대천 상류부의 계곡. 설천면 소천리에 있는 나제통문, 즉 신라와 백제의 경계 관문이었던 석굴문에서 덕유산 상봉에 이르는 25km의 계곡으로, 33경으로 꼽힌다.

왕건은 장군 시절이었던 서른 살 무렵, 바다의 9층 황금탑에 올라가는 꿈을 꾼 적이 있었다. 그리고 왕위에 오르자 신라가 황룡사 9층탑을 조성해 통일을 이루었다며 개경에 7층탑을, 그리고 그 힘을 빌려 삼국을 통합하겠다며 서경성 밖 북쪽에 위치한 중흥사에 9층탑을 세웠다. 중흥사 9층탑은 후삼국 통일과 고려의 번영을 돕는 한편, 외적을 진압하는 중요한 상징을 지닌 탑이었다. 중흥사 9층탑은 불이 난 뒤에 바로 복구되었지만, 그 사건은 백성에게 큰 충격을 주었던 것으로 보인다.

갑작스러운 폭풍우가 몰아쳐 수많은 인마가 죽는 등 불상사가 연이어 일어났다.

"묘청 일당의 행동이 하늘의 노여움을 산 게 분명하다!"

"서경으로 천도하면 금나라가 항복해 오고, 주변국들이 모두 속국이 되어 조공을 바칠 거라고 허무맹랑한 소리를 지껄여서 하늘이 벌을 내린 것이다!"

개경파들은 기회를 놓치지 않고 도참설을 주장한 묘청에게 화살을 돌렸다.

"폐하께서 만약 서경으로 납시지 않고 개경에 계셨다면 더 큰 화를 당했을 것입니다. 다행히 서경의 운이 마마를 도와 무사하실 수 있었습니다."

묘청은 개경으로 돌아간 인종을 찾아가 이런 말로 안심을 시켰다.

"큰일을 이루는 데 있어서 사소한 걸림돌들은 얼마든지 있을 수 있습니다. 지금 대업을 이룰 수 있는 기회가 다가오고 있으니, 부디 그 기회를 놓치지 말아 주십시오."

"금나라로 사신을 파견하여 훗날의 북벌 정책의 초석을 다져 놓으십시오."

묘청과 서경 일파가 간곡하게 청을 했고, 인종은 그 청을 들어주었다.

1131년(인종 9)에 고려 조정에서는 금나라로 사신을 파견하기로 결정했다. 그런데 사절단의 서장관으로 임명된 사람은 최봉심이었다. 그러자 안직승 등의 간관(諫官)들이 상소를 올렸다.

'사절단의 서장관은 문사가 임명되는 직책입니다. 그런데 최봉심은 본래 무거인(武擧人)이라서 서장관의 자격이 부족합니다. 또한 일찍이 최봉심은 국가에서 자신에게 군사 일천 명만 주면, 당장 금나라로 달려가 그 나라 임금을 사로잡아 오겠다고 큰소리를 쳤던 자입니다. 최봉심의 미치고 허망함이 이와 같은데, 금나라에 들어가 사건을 저지를까 두려우니 그를 파견하시면 안 됩니다.'

최봉심은 예종이 만든 국자감 칠재(七齋) 중에서 무학을 공부하는 강예재(무학재) 출신이어서 '무거인'이라고 불렸다. 그런 탓에 무신인데도 상당한 교양을 갖추고 있어서 서장관에 임명되었던 것이다. 하지만 최봉심은 서경 세력이었으므로 개경 세력에는 커다란 위협이 아닐 수 없었다.

 간관들이 사흘 동안 편전의 합문(閤門) 앞에 엎드려 강력하게 항의했지만, 인종은 뜻을 접지 않았다.

 "누가 뭐라고 해도 최봉심은 사절단에 포함시킨다!"

 인종이 최봉심을 서장관으로 임명한 데는 숨은 뜻이 있었다. 서경 세력의 주장대로, 금나라 정벌에 대비하기 위해서는 금나라의 정보를 수집할 필요가 있었기 때문이다.

 "최봉심을 서장관으로 임명해 금나라에 사신으로 보낸다는 것은, 서경 세력이 금국 정벌을 위한 준비를 진행하고 있다는 뜻이 아닌가!"

 개경 세력은 최봉심을 사신으로 파견하는 일을 두고 크게 불안해 할 수밖에 없었다.

묘청은 인종 9년(1131) 8월에 인종을 설득하여 내시인 이중부의 감독하에 대화궁을 둘러싸는 임원 궁성을 쌓고, 궁중에 팔성당을 설치할 것을 건의했다.

팔성당은 국토의 수호신인 여덟 성인을 위해 사당을 마련하는 것으로, 여덟 성인은 풍수지리와 깊은 관계가 있었다. 『고려사』〈권 127〉에는 묘청의 팔성(八星)을 이렇게 기록해 놓았다.

'첫째, 호국 백두악(백두산) 태백 선인인데 실체는 '문수사리보살'이다.

둘째, 용위악(금강산으로 추정) 육통 존자로 실체는 '석가불'이다.

셋째, 월성악(경주 남산으로 추정) 천선(天仙)으로 실체는 '대변천신'이다.

넷째, 구려 평양 선인으로 실체는 '연등불'이다.

다섯째, 구려 목멱 선인(목멱은 남산)으로 실체는 '비파시

설악산 천불동 계곡
천불동이라는 호칭은 천불폭포에서 딴 것이며, 계곡 일대에 펼쳐지는 천봉만암과 청수옥담의 세계가 마치 '천불'의 기관을 구현한 것 같다고 해서 일컬어졌다.

불'이다.

여섯째, 송악 진주 거사로 실체는 '금강색보살'이다.

일곱째, 증성악(속리산으로 추정) 신인으로 실체는 '늑차천왕'이다.

여덟째는, 두악 천녀(지리산 성모)로 실체는 '부동우파이'다.'

묘청은 백두산을 우리 나라의 아버지로, 지리산을 어머니로 생각했으며, 백두산과 지리산이 나머지 육성(六星), 즉 우리 나라의 모든 것을 낳는다고 보았다. 또한 고려 도읍인 송악(개경)을 수호 보살로 상징하고, 송악을 수도로 한 고려를 과도적인 나라로 인식했다. 고려가 서경을 수도로 정해 이곳으로 천도해야만 진정한 삼한의 통일이 이뤄지며, 진정한 고구려의 부활로 이어진다고 보았던 것이다.

묘청의 팔성 이론은 팔성을 전국에 배정하면서도 그 핵심을 서경(평양)에 두고 있었기 때문에, 평양 중심의 이론인 셈이었다.

그러나 묘청의 팔성은 단순한 미신이 아니라 국토를 경영하는 시각과 논리였고, 역사를 계승하자는 의식이었다고 보고 있다. 미래를 위해 제시한 청사진인 셈이었다. 좁은 국토에서 벗어나 천하 제패를 꿈꾸게 했다는 점에서 의의가 컸다.

"팔성은 성인의 법입니다. 팔성은 국가를 이롭게 하고, 국가의 운수를 연장하는 방도입니다."

김안과 이중부, 정지상 등은 인종에게 팔성에 제사지낼 것을 주장하였고, 정지상은 직접 제문을 지었다.

'빠르지 않으면서도 빠르고, 가지 않으면서도 이르는 이것을 이름하여 일(근원, 도)을 얻은 신령이라 합니다. 무(無)에 나아가나 유(有)하고 실(實 : 꽉 참)에 나아가나 허(虛 : 텅 빔)한데, 대개 본래의 부처를 일컫습니다. 오직 천명이 만물을 제어할 수 있고, 오직 토덕(土德 : 땅의 덕)이 사방의 제왕이 될 수 있습니다. 이에 평양의 안에서 이 대화세를 점쳐서 궁궐을 창건하여, 공손히 음양을 따라 그 사이에 팔선(八仙 : 여덟 성인)을 안치하되, 백두악을 받드는 것으로 시작했습니다. 그러하니 광명이 지금 비추기를 생각하고, 오묘한 작용이 앞에 나타나기를 바랍니다. 지진(도교의 최고 경지)이시여! 비록 정(靜 : 고요)을 묘사할 수 없지만, 실덕(實德 : 실체)은 바로 여래(부처)이십니다.'

복구되는 송악의 대궐

 송악의 대궐은 이자겸의 정변 때에 불탄 후, 서경 천도 운동의 전개로 인해 오랫동안 방치되어 있었다.
 그러다 인종 9년 무렵에야 복구 결정이 내려졌다. 송악의 대궐을 다시 복구하게 된 데는 개경 세력의 영향력이 크게 작용했다.
 "송악의 대궐을 하루빨리 복구하여 민심을 달래셔야 합니다."
 "지금 서경인들은 서경 천도를 믿으며 들떠 있지만, 반대로 개경인들은 조정의 보살핌에서 벗어나 크게 동요하고 있습니다. 송악 대궐을 복구하는 것은 나라의 안녕을 위해서 꼭 필요한 일입니다."

영흥도

영흥도에는 신석기 시대부터 사람들이 거주하기 시작하였으나, 삼국 시대 당시 백제의 영토에 속했으며, 이후 고구려와 신라의 영토로 넘어가게 되었다. 고려 현종 9년(1018)에는 수주의 속군이 되었다가 인주로 편입되었다.

  인종은 개경 세력의 제안을 받아들였다.

  "왕께서 개경성 복구를 명하신 것은 서경 천도에 제동이 걸린 것이 아닌가?"

  개경 세력이 결집하여 개경 대궐의 중건을 통과시키자, 서경 세력은 초조해질 수밖에 없었다. 묘청과 백수한은 인종을 찾아가 서경으로 행차할 것을 다시 주장했다.

"개경의 지세가 쇠약해졌기 때문에 하늘이 재앙을 내려 궁궐이 모두 불탔습니다. 폐하께서는 서경에 자주 행차하시어 무궁한 왕업을 누리셔야 합니다."

인종은 두 사람의 주장을 받아들이기 전에 일관을 불러 먼저 점을 치게 했다.

"서경으로 행차하시는 일은 불가합니다."

"분명 하늘의 뜻이 있으니 그대로 개경에 머물러 계십시오."

일관들은 한결같이 이렇게 대답했다. 김부식을 비롯한 개경 세력은 인종이 송악 대궐 중건을 결정할 무렵, 일관들 대부분을 포섭해 놓은 상태였다.

"왕께서 서경에 관한 점을 치게 하면 무조건 불가하다고 해야 할 것이오. 나라의 운명이 달린 문제니 신중해야 하오."

결국 일관들 대부분이 개경 세력의 회유에 넘어가 있었던 것이다.

"일관들이 모두 짜고서 서경 행차를 불가하다고 했으니 왕은 분명히 망설일 것이다. 서둘러 손을 써야 한다."

다급해진 정지상과 김안, 문공인은 인종을 찾아가 다시 설득하기 시작했다.

"묘청이 말한 것은 성인의 법입니다. 어겨서는 아니 될 것입니다."

이렇게 되자 인종은 묘청을 어가(御駕)를 따르는 복전으로, 백수한을 내시로 삼아 서경에 행차하기로 결정했다. 그 때가 1132년(인종 10) 2월이었다.

인종의 행차가 금암역(평산)에 이르렀을 때였다. 갑자기 하늘이 어두워지면서 느닷없이 주먹만한 빗방울이 떨어지기 시작했다.

"집 한 채 없는 허허벌판인데 갑자기 폭우가 쏟아지니, 어디서 비를 피한단 말인가?"

"한 치 앞을 내다볼 수 없을 정도로 사방이 깜깜해졌으니, 모두 흩어지지 말고 그 자리에 멈춰 있으시오!"

사람을 태운 말들도 천둥 번개에 놀라 함부로 날뛰었다. 인종은 몸소 말의 고삐를 잡고 길을 헤매다가 진창에 빠지고 말았다. 호종(護從)하던 시종들이 왕의 행방을 잃고 찾아다니는 사태가 벌어졌다. 게다가 그 날 밤에는 눈발이 날려 나귀가 얼어 죽고, 말과 사람이 다치기도 했다.

"하늘에서 재앙을 내린 것이다!"

"묘청은 풍수지리에 능하고 앞날을 내다본다면서 마마께서 행차하시는 날도 제대로 잡질 못했단 말인가!"

이 날의 사고는 묘청 일파에게 큰 치명타가 아닐 수 없었다. 개경 세력은 그 일을 크게 문제삼았다.

"폐하, 아직도 묘청 일파의 허무맹랑한 말을 믿으십니까? 부디 하늘의 뜻을 저버리지 말아 주십시오!"

기회를 만난 개경파는 강력하게 서경파를 비난했다.

그러나 묘청은 조금도 굽히지 않고 당당하게 맞섰다.

"내 일찍이 이 날의 비바람을 알고, 하늘에 있는 우사와 풍백에게 임금의 행차가 있으니 비바람을 일으키지 말도록 부탁했는데, 우사와 풍백은 그렇게 하겠다고 약속을 했음에도 불구하고 지키지 않았다. 우사와 풍백이 참으로 가증스럽구나!"

인종이 흔들리고 있다는 것을 눈치 챈 묘청과 정지상은 서경에서 검교 태사 벼슬을 하고 있는 이제정을 찾아갔다. 이제정은 나이가 많았다.

"나이 많은 학자들 쉰여 명으로 하여금 칭제 건원을 실시하라는 상소를 올리도록 하십시오."

묘청과 정지상은 인종이 서경에 머물고 있을 때, 칭제 건원과 금국 정벌을 결정짓기를 바랐다. 이제정은 묘청과 정지상의 청대로 인종에게 상소를 올렸다. 그러나 인종은 그 상소를 이지저에게 보여 주었다.

"서경의 노인들이 올린 이 상소를 어떻게 처리하면 좋겠소?"

"칭제 건원을 실천하는 것은 강한 금나라를 건드리는 것이니, 신중하게 결정해야 합니다. 지금 대부분의 대신들이 개경에 머물고 있는데, 그들의 의견을 무시한 채 서경의 몇 사람 말만 듣고 나라의 큰일을 결정하는 것은 옳지 않습니다."

인종은 이지저의 말대로 그 상소를 받아들이지 않았다.

묘청은 정지상을 불러 당부했다.

"왕이 서경에 오래 머물도록 간관(언관)을 사주해 개경 대궐의 중수를 멈추도록 요청하시오."

그러나 경상도 동래 출신으로 개경 세력에 속하는 정항* 이 인종에게 두 번이나 상소를 올려, 개경 대궐을 수리해 그곳으로 돌아가기를 간청했다.

인종은 결국 정항의 상소에 따르기로 결정했고, 그 일은 서경 세력에 큰 타격이 아닐 수 없었다.

날씨가 풀리자 인종은 묘청, 정지상 등과 대동강으로 뱃놀이를 떠났다. 그런데 인종은 뱃놀이를 하면서도 악기를

정항은 고려 시대 문신이다. 스물세 살에 진사시에 급제하였고, 복시에서 2등으로 급제하여 곧 내시에 속하였다가 상주 사록에 임명되었다. 나이는 어려도 매사를 잘 처리하여 정극영, 한충과 더불어 뛰어난 사록으로 칭송을 들었다. 이자겸에게 아부하지 않아 여러 차례 좌천되었다가, 이자겸이 제거된 후에는 새로 제도를 정비하는 데 공헌했다.

다루지 못하게 했다.

"부왕(예종)의 기일이 있는 달인데, 어찌 자식 된 도리로 악기를 연주하며 뱃놀이를 즐긴단 말이오."

그러자 정지상이 나섰다.

"기일(제삿날)은 있지만, 기월(제삿달)이 있다는 말은 들어 보지 못했습니다. 음악을 연주하여 서경 남녀들의 바람에 부응하기를 요청하옵니다."

그제야 인종은 악기를 연주하게 했다.

인종은 서경에서 석 달 동안 머물렀다. 그리고 1132년(인종 10) 윤 4월에 개경으로 돌아왔다.

"왕이 서경 천도의 뜻을 서서히 버리고 있는 듯하오. 더 늦기 전에 다시 서경으로 행차하시도록 해야만 하오."

다급해진 묘청과 정지상, 백수한은 인종이 다시 서경으로 행차할 방도를 강구했다.

"큰 떡을 만들어 그 가운데에 구멍 하나를 뚫은 뒤, 뜨거운 기름을 집어넣어 대동강에 가라앉혀 두도록 하세요. 그

순천만
예로부터 순천만은 제염업과 조기·멸치·갈치·장어·문어·전어 등의 어로(漁撈)가 성하였으며, 김·꼬막·굴의 양식업도 이루어졌다.

러면 기름이 점차 떡에서 새어 나와서 수면에 떠올라, 멀리서 바라보면 마치 오색처럼 보일 것이오."

"그렇게 되면 그 모습이 마치 신룡이 토하는 침이 오색 구름을 만든 것과 같으니, 사람들은 상서로운 일이라고 여길 것입니다."

세 사람은 즉시 그 일을 꾸미고, 인종에게 표문을 올려 축하해 줄 것을 청했다.

"참으로 상서로운 일이 분명하구나. 축하할 일이 분명하질 않은가."

인종은 크게 놀라워했다. 하지만 개경 세력은 그 사건에 의문을 품었다.

"묘청 일파가 꾸민 일일지도 모르니, 축하를 하시기 전에 무슨 현상인지 알아보게 하셔야 할 것입니다."

인종은 문공인과 이준양 등을 파견하여 그 일을 상세하게 알아보게 했다.

두 사람은 기름을 직업으로 다루는 사람을 찾아가, 물 위에 오색이 영롱할 수 있는 이유를 물었다.

"뜨거운 기름이 물에 뜨면 오색이 생깁니다."

"옳거니! 놈들이 속임수를 썼구나."

두 사람은 즉시 수영에 능한 자를 찾아 물 속으로 들어가게 했다. 그리고 얼마 후에 물 속으로 들어간 사람은 커다란 떡 하나를 찾아냈다.

"떡 속에 기름을 넣어 사람의 눈을 속였구나!"

문공인은 묘청파였기 때문에, 전주 출신인 이준양이 개경 세력의 입장에서 그 현상의 실체를 밝히는 데 적극적이었을 것으로 보인다.

문공인은 묘청을 몹시 따르던 사람이었다. 그러나 묘청이 속임수를 썼다는 것을 알고 크게 실망했다.

묘청이 서경으로 천도를 하면 좋은 일이 많이 생길 것이라고 말해 왔지만, 대화궁이 완성되고 인종이 자주 서경에 머무는데도 크고 작은 재난은 끊임없이 이어지고 있었다. 장마가 지는가 하면 가뭄이 들고, 3월인데도 서리가 내리는 등 이변이 자주 일어났다. 심지어 벼락이 떨어져 절의 탑을 불태우는 일까지 벌어졌던 것이다.

떡 조작 사건으로 묘청에 대한 인종의 믿음이 많이 무너졌다고 판단한 개경파는, 그 기회를 놓치지 않고 강경하게 서경 천도에 반대하는 상소를 올렸다.

인종의 장인인 동지 추밀원사 임원애는 묘청 일파를 극형에 처해야 미래에 화근이 될 싹을 없앨 수 있다는 상소를 올리기도 했다. 하지만 묘청과 정지상은 무슨 수를 써서라도 서경 천도 계획을 성공시켜야 했고, 그러자면 인종의 마음이 떠나지 않도록 노력해야만 했다.

인종 10년(1132) 11월, 묘청이 인종을 찾아와 말했다.

"폐하께서 대화궁에 오래 계셔야 지운(地運)을 더 많이 받을 수 있는데, 그러질 못하시니 신하를 보내시어 예의를 갖추고, 용상에 마마의 옷을 두어 서경에 마마가 계시는 것처럼 해 주십시오. 그러면 복되고 경사스러운 일이 있을 것입니다."

묘청은 개경의 유신들이 묘청을 배척하는 운동을 거세게 벌이자, 서경 천도의 꿈이 깨어질 것을 염려해 왕의 옷을 서경으로 보내 줄 것을 요구했던 것이다. 그러면 서경 백성은 물론이고, 서경 천도를 기대하는 많은 사람들에게 인종의 천도 의지가 변함없음을 보여 주는 것이라고 여겼다.

인종은 묘청의 요구대로 문공인과 이중부에게 옷을 한 벌 줘서 서경으로 보냈다.

개경의 유신들은 기회만 있으면 묘청을 반대하는 상소를 올렸지만, 인종의 입장에서는 서경 출신인 묘청파를 멀리하고 다시 개경파와 손을 잡는 것이 내키지 않을 수밖에 없었다. 인종은 묘청파를 숙청하라는 상소를 매번 물리쳤다. 그리고 1134년(인종 12) 1월에는 묘청에게 삼중대통 지누각 원사라는 높은 벼슬을 내리고, 자복(신분이 높은 사람만 입을 수 있는 보라색 옷)을 하사했다.

"아직도 폐하의 뜻은 변함이 없구나. 더 늦기 전에 폐하의 천도 의지를 확고하게 다져야 한다."

묘청은 또다시 인종에게 서경에 행차해 줄 것을 청했다.

서경의 아침

2월에 인종은 서경 행차에 나섰다.

그런데 인종이 탄 가마가 마천정에 이르렀을 때였다. 친종 장군인 김용의 말이 갑자기 무엇에 놀란 듯, 인종이 탄 가마를 걷어차고 달아났다. 그 바람에 김용은 말에서 떨어져 크게 다치고 말았다. 그런 데다 서경에 도착해 뱃놀이를 하는데 폭풍이 일어 배 위에 친 천막이 날아갈 듯이 펄럭이고, 잔칫상에 차려진 음식 접시들이 심하게 흔들렸다. 폭풍을 피해 대화궁으로 향할 때에는 먼지 바람이 일어 앞으로 나아갈 수가 없었다. 이러한 사건들로 인해 인종은 보름 정도만 서경에 머물고 개경으로 돌아가 버렸다.

기상 이변은 이상할 만큼 계속 일어났다. 3월에 눈이 내렸고, 커다란 유성이 개경과 서경에 한꺼번에 떨어졌으며, 4월에는 서리가 내렸다. 큰 벼락이 떨어져 40여 곳이 피해를 입었고, 5월과 6월에는 가뭄이 들어 논바닥이 마르는 바람에 벼를 심을 수가 없었다. 심한 기근으로 굶어 죽는 사람들도 늘어났다.

"요사스러운 묘청을 더 이상 가까이하지 말라는 하늘의 뜻입니다!"

"묘청 일파를 없애야만 하늘의 노여움을 풀 수 있을 것입니다!"

개경파들은 앞 다투어 묘청을 공격하는 말을 퍼부었고, 심지어 송나라 사람으로 고려에 귀화한 임완도 묘청 숙청에 앞장섰다.

"송나라 역사에도 임영소라는 도사가 황당한 말로 송나라 임금인 휘종을 속이는 바람에, 결국 송나라를 망하게 한 사례가 있습니다. 지금 바로 묘청의 목을 잘라 그의 죄를 벌한다면, 진노한 하늘이 화를 풀고 재앙을 멈출 것입

금강산
각종 문헌과 기록에 등장하는 금강산의 별칭은 모두 아홉 가지며, 대체로 계절에 따라 여러 이름으로 불려 왔다. 금강은 온 산이 새싹과 꽃에 뒤덮일 때인 봄의 이름이며, 여름에는 녹음이 깔리므로 봉래산, 가을에는 1만2천 봉이 단풍으로 물들어 풍악산, 겨울에는 낙엽이 져서 바위들이 앙상한 뼈처럼 드러나므로 개골산이라고 불린다. 금강산으로 널리 알려진 이유는 이곳이 옛날부터 불교의 영지로 알려져 왔기 때문이다.

니다. 그렇게 하면 불안에 떨고 있는 민심이 폐하께 모여들 것입니다."

개경에서 자신에 대한 탄핵 상소가 빗발치고 있다는 것을 알고 있던 묘청은 다시 인종에게 서경 행차를 청했다. 묘청은 인종이 서경으로부터 멀어지는 것이 두려웠던 것이다.

"왕이 천도를 포기하면 모든 것이 물거품이 되고 만다. 반드시 서경 천도를 단행하고, 칭제 건원과 금국 정벌을 이뤄야 한다."

묘청은 수도를 서경으로 옮기기 전에는 칭제 건원은 물론이고, 금국 정벌 또한 불가능하다고 생각했다.

"개경파들은 기득권을 놓치지 않기 위해서라도 칭제 건원과 금국 정벌에 반대하고 나설 것이다. 그렇게 되면 우리 고려는 영원히 금나라의 속국 신세를 면할 수가 없다."

묘청이 서경 행차를 요구하자, 인종은 그 가부를 신하들에게 물었다. 그러자 김부식을 비롯해 많은 개경파 신하들이 인종의 서경 행차를 강력하게 반대하고 나섰다.

"묘청의 금국 정벌은 허황한 꿈에 지나지 않습니다. 지금 금나라는 더욱 힘을 길러 송나라를 남쪽으로 몰아낸 상태입니다. 금은 이미 중국 대륙의 절반을 차지할 만큼 막대한 군사력을 보유하고 있습니다. 특히 잘 훈련된 기마병을 주력 부대로 하여 영토를 확장해 나가고 있는 데 반해, 우리 고려는 기마 전술에 약하기 때문에 보병 중심으로 편제되어 있습니다. 만약 금나라군과 싸우게 되면 평원에서 전투를 벌여야 하는데, 보병 중심인 고려군이 기마병 중심인 금나라군을 무슨 수로 이길 수 있겠습니까?"

"맞습니다. 묘청을 비롯한 서경파의 금국 정벌 주장은 감상주의에 빠진 오판이거나, 서경 천도를 실현하려는 계책의 일환임이 분명합니다."

"묘청의 말대로 서경의 터가 좋은 곳이라면, 어찌하여 하늘의 재앙이 계속 이어지겠습니까? 이번에 행차하시다가 재앙을 다시 만나면 어찌하시렵니까?"

"지금 묘청은 마마께서 서경 행차를 예전처럼 즐겨하시지 않는 데 대해 몹시 불안해 하고 있습니다. 이번에 서경으로 행차하시면, 그들은 무력을 써서라도 마마를 서경에 머무르시게 하면서 서경으로 천도를 서두를지 모를 일입니다."

개경파들은 왕의 행차로 인해 한창 무르익고 있는 들판의 곡식을 많이 망치게 될 것이고, 그렇게 되면 백성의 원성을 사게 될 것이라는 말까지 앞세워 인종의 서경 행차를 반대했다.

개경의 김부식 세력은 끈질기게 인종을 설득하여, 묘청과 관계를 끊어 놓으려 했던 것이다.

"천도의 꿈은 깨지고 말았단 말인가……."

서경 세력은 인종이 서경에 행차하기만을 학수고대했지만, 인종은 서경에서 팔관회가 열리는 10월이 다가오는데도 오지 않았다.

"다음해에도 오신다는 보장이 없질 않은가."

천도 실패는 곧 서경파의 몰락을 의미했다. 김부식 일파가 인종의 마음을 사로잡으면, 평소에도 묘청과 서경파를 모두 없애자고 주장해 온 개경파가 가만있지 않을 것임은 불 보듯 뻔한 일이었다.

"개경파가 순순히 폐하를 서경으로 행차하게 놔두지 않

을 것이다. 그러나 폐하가 행차하지 않으면 서경 천도는 영원히 불가능하다."

묘청은 개경파와 정면으로 맞서는 방법밖에 없다고 판단했다.

"서경에 새로운 나라를 세우고 개경 정부와 대결할 것이다!"

1135년(인종 13) 정월 을사일 초하룻날에 일식이 발생했다. 묘청은 일식을 하늘의 계시로 받아들였다.

"새로운 시대를 열라는 하늘의 계시다!"

묘청은 서경 분사 시랑으로 있는 조광과 병부 상서 유감, 사재소경 조창언, 안중영과 모의하여 반란을 도모하기로 결정했다.

"팔관회를 이용해서 서경 백성을 한자리에 모이도록 합시다."

묘청은 팔관회가 열리는 날을 거사일로 삼았다.

팔관회가 열리는 날, 수많은 서경 백성들이 한자리에 모

영종도
영종도 중앙에 솟은 백운산에는 신라 문무왕 때에 원효 대사가 창건했다고 전해지는 고찰인 용궁사가 자리잡고 있으며, 개펄 등 자연 생태계를 관찰할 수 있는 학생 해양 탐구 학습장이 유명하다.

었다.

백성들은 묘청이 나타나자 환호를 하며 그를 반겼다.

"묘청 스님 만세!"

"만세!"

아직도 묘청은 서경 백성들에게 빛이고 희망이었다.

"오늘부터 내가 왕명을 받아 서경을 다스리기로 했소.

모두 나를 따르시오!"

묘청의 이러한 선언은 반란의 시작을 의미했다.

"서경의 부유수(지금의 부시장)인 최재, 감군사인 이종림, 어사인 안지종 등을 잡아 가두고, 김신에게 승선 벼슬을 내리니 서북면 병마사인 이중과 함께 각 지방 수령들을 붙잡아 소금 창고에 가두도록 하라! 이는 왕명이니 즉시 거행하도록 하라!"

묘청은 서경에 와서 살고 있는 개경 사람들 전부를 가두고 군사와 교통의 요지를 모두 차단하였으며, 여러 성의 군사와 말들을 거두어 서경을 지키게 했다.

"국호를 대위라 정하고 연호를 천개, 군사를 천견 충의군이라 한다!"

묘청은 국호와 연호를 정했지만, 스스로 왕의 자리에는 오르지 않았다. 그는 비록 서경에 새로운 나라를 세웠지만, 왕권에는 도전하지 않았던 것이다. 또한 국호와 연호를 정하면서도 왕을 새로 옹립하지는 않았다.

　묘청의 반란은 왕을 교체하기 위한 역모가 아니라 개경 세력을 제거하고, 인종으로 하여금 서경 천도를 실현케 하기 위한 정치적 행동이었다고 보고 있다.

　묘청은 단시일 만에 군사와 정치 체계를 갖추었다.
　"우리는 단순히 반란을 일으킨 것이 아니다. 개경을 중심으로 하는 고려 정부와는 다른, 새로운 정부를 세운 것이다!"
　그러나 묘청은 같은 서경파인 정지상과 김안, 백수한, 최봉심, 음중인, 이순무, 오원수, 홍이서, 이중부 등과 상의는 물론이고 알리지도 않은 채 반란을 일으키는 실수를 범하고 말았다.
　"뭐라고! 묘청이 반란을 일으켰다고!"
　개경에 머물고 있다가 뒤늦게 연락을 받은 백수한은 곧바로 인종을 찾아가 그 사실을 보고했다.

"묘청이 반란을 일으켜? 도저히 믿을 수가 없다!"

인종은 변란 소식을 확인하고 백관을 소집하였다. 그리고 오랜 회의 끝에 반란군을 토벌하기로 결정했다.

"대원수로 김부식을 임명한다. 김부식은 군사를 거느리고 서경으로 나아가 묘청 일파를 없애도록 하라!"

인종은 김부식을 대원수로 삼고 출동 준비를 명령했다.

그리고 묘청을 설득하기 위해 따로 사람을 서경으로 보냈다. 유경심과 조진약, 황문상을 먼저 보내고, 이튿날에는 묘청과 가까이 지냈던 홍이서와 이중부을 보내어 묘청에게 평화적인 해결을 요구하게 했다.

그러나 묘청은 인종의 요구를 들어주지 않았다.

'폐하는 신이 주장한 음양 도참의 신비함을 믿고서 서경에 대화궁을 짓고, 천하의 황제가 되려고 했으나 실천하지 못하셨습니다. 마마께서는 뜻밖에도 개경에 고향을 두고서 편안한 것만 추구하며 안일하게 살려는 신하들의 방해만을 받아들여, 서경으로 천도하기를 포기하셨습니다. 지금이라도 마마께서 서경으로 오신다면 신은 무기를 버릴 것입니다.'

묘청이 인종에게 보낸 편지는 몹시 불손했지만, 인종은 오히려 그 편지를 가져온 최경에게 술과 음식을 내렸다. 그리고 분사 호부원 외랑으로 임명한 뒤에, 좋은 말을 내주어 타고 가게 했다. 이자겸의 난을 겪으면서 나라 안에서 전쟁 같은 난리를 겪었던 인종은, 평화적으로 일을 해결하고 싶은 마음이 간절했던 것이다.

서경으로 진격할 준비를 서두르고 있던 김부식이 재상들에게 물었다.

"정지상과 김안, 백수한이 서도의 반역 모의에 참여했으니, 이 무리를 제거하지 않으면 서도를 평정할 수 없을 것이오."

김부식의 말에 재상들은 모두 세 사람을 없애야 한다고 뜻을 모았다. 김부식은 은밀하게 세 사람을 불러들였다.

정지상과 김안, 백수한은 아무 영문도 모른 채 궁궐로 들어왔다.

"세 명을 궁문 밖으로 끌어내어 목을 베도록 하라!"

김부식은 김정순에게 지시하여 세 사람의 목을 베게 했다. 결국 세 사람은 그 해 정월 10일, 김부식이 조종한 군사의 손에 살해되고 말았다.

"아까운 신하들이 죽었구나. 모두 내 부족함이다."

뒤늦게야 세 사람의 죽음을 보고받은 인종이 크게 안타까워했지만, 김부식을 탓할 수만은 없는 일이었다.

정지상은 장원으로 급제한 인물이었다. 시를 잘 지어 이름을 떨쳤다. 시어가 맑고 화려하며 호방했다. 사람들은 김부식이 평소에 정지상과 문장에서 이름을 나란히 하는 것을 몹시 불쾌하게 여겼다고 보았다. 그래서 묘청이 반란을 일으키자, 그 일을 빙자해 정지상을 살해했다고 보고 있다. 그만큼 두 사람은 당대를 대표하는 대문장가였고, 치열한 경쟁 관계였음을 알 수 있다. 인종을 비롯한 많은 사람들은 천재 시인 정지상의 억울한 죽음을 아쉬워했다고 한다.

명을 받은 김부식은 군사를 이끌고 서경으로 진군했다.
김부식은 좌·우·중, 3군을 거느리고 평산역과 관산역 등을 거쳐 성천에 이르렀다.
"먼저 반역자를 처단하라!"
김부식은 이런 내용이 실린 격문을 여러 성에 보내고, 연주를 거쳐 안북 대도호부(안주)에 다다랐다.
이 과정에서 많은 성들이 김부식이 이끄는 개경 관군에 호응했고, 정세는 관군에 유리하게 돌아갔다.
그러나 김부식이 이끄는 개경군과 가장 강하게 맞선 상대는 농민들이었다.
묘청을 믿고 따르던 농민들이 모두 힘을 합쳐 개경군과 맞서 싸웠던 것이다.
"그 동안 개경의 문벌 귀족들이 얼마나 농민들을 착취했

독도
독도는 본래 460만 년 전에 화산 활동으로 생성된 화산섬인데, 현재는 오랜 세월 동안 침식되어 화산의 흔적은 찾기 힘들다. 동도의 높이는 98.6m, 서도의 높이는 168.5m다. 서도에 있는 산은 '대한봉', 동도의 산은 '일출봉'이라 부른다.

는지 아느냐!"

"죽더라도 개경 세력에 또다시 권세를 넘길 수는 없다!"

"차라리 싸우다 죽겠다!"

농민들의 거센 반발에 부딪힌 김부식은 군리(군대의 일을 보는 하급 관리)인 노인해를 서경으로 보내어, 반란군의 실권자인 조광을 은밀하게 만나서 서찰을 전하도록 하였다.

'서경의 반란군은 결코 승리하지 못할 것이오. 지금 개경군은 수만의 대군을 거느리고 반란군을 토벌하러 서경 가까이에 다다랐소. 지금이라도 묘청을 없애고 관군에 투항한다면 목숨만은 살려 줄 것이오.'

김부식은 그 이후에도 서너 차례 사람을 보내어 조광에게 투항할 것을 권유했다. 시간이 지날수록 반란군이 밀리는 것을 느낀 조광은 마음이 조급해졌다.
"지금 상황으로는 우리 힘으로 개경군을 이길 가능성이 전혀 없다. 투항하고 싶지만 그런다고 해도 무사할 수는 없을 텐데, 어쩌면 좋단 말인가."
조광이 망설이는 동안, 조정에서는 다시 평주 판관인 김순부에게 조광을 찾아가 조서를 전하게 했다.
"내가 살길은 묘청을 죽이고 투항하는 것뿐이로구나."

이렇게 결정한 조광은 투항의 뜻을 강하게 보이기 위해 묘청을 죽이기로 결정했다.

조광이 찾아오자 묘청은 아무 의심 없이 맞이했다. 그러나 조광은 묘청을 향해 칼을 빼 들었다.

"조광, 왜 이러시오!"

묘청은 외마디 비명을 지르며 그 자리에 쓰러졌다.

무너진 서경 천도의 꿈

 조광은 묘청의 목을 베어 윤참 등에게 주고서 개경으로 가게 했다.

 그러나 개경 정부에서는 오히려 윤참 등을 옥에 가두고 말았다.

 이러한 사실을 알게 된 조광은 김부식의 말을 듣고 묘청을 죽인 것을 후회했지만, 이미 늦은 뒤였다.

 "항복해도 살길이 없다. 그렇다면 끝까지 맞서 싸울 것이다!"

 조광은 개경 정부의 어떤 회유나 교섭도 단호하게 거절하고 응하지 않았다. 인종이 보낸 김부나 내시인 황문상도 조광의 손에 죽었고, 녹사인 이덕경도 죽음을 당했다.

"개경군의 공격에 대비하여, 선요문에서 다경루까지 강을 따라 성을 쌓도록 하라!"

김부식의 개경군은 수적으로 압도적인 우세였음에도 불구하고 난공불락의 서경성을 쉽게 공략하지 못했다. 김부식의 개경군은 서경성을 바라보며 들판에 주둔한 채 몇 달을 보내야만 했다.

"봄여름이 교체하는 장마철이라 물이 넘치는 데다 적에게 습격을 당할까 봐 염려스러우니, 성을 쌓고 병기를 수리하도록 하라."

김부식은 지방에서 올라온 병사들에게 번갈아 휴가를 주며 지구전에 돌입했다.

하지만 많은 장수들이 반대하고 나섰다.

"성을 쌓고 병기나 수리하면서 지낸다는 것은 오히려 서경군에 나약한 모습만 보이는 꼴입니다. 날을 잡아 진격하여 성을 무너뜨려야 합니다."

그러나 김부식은 물러서지 않았다.

강원도 화천
화천은 '물의 고을'이다. 북한강의 열다섯 곳 지류가 흘러 선사 시대부터 사람들이 터전을 잡고 살았다. 최근에 북한강 변 충적 대지인 하남면 용암리에서 3천 년 전부터 1천 년 이상 전인 청동기 시대 사람들이 터전을 잡았던, 이른바 '청동기 타운'이 발견되었다.

"서경성 안에는 무기와 식량이 넉넉하고, 서경인들 모두 이겨야 한다는 생각으로 똘똘 뭉쳐 있소. 우리가 싸워야 할 적은 서경인의 굳건한 정신이오. 좋은 계책으로 성공을 거둘 수 있을 때까지 기다려야만 하오. 무리한 전투를 해서 사람들을 많이 죽일 필요는 없을 것이오."

김부식은 병사들을 5군으로 나누어, 각기 성 하나씩을

쌓도록 했다. 또한 순화현 왕성강(보통강 상류)에 각각 작은 성을 쌓게 했다.

"왕성강에 작은 성을 쌓은 뒤에 그곳에 무기와 곡식을 쟁이고, 문을 닫아 병사들을 휴식하도록 하라."

인종은 그 동안에도 서경성에 측근을 보내어 설득을 계속했다. 김부식 또한 휘하 관원과 승려인 품선 등을 보내어 항복하라고 회유했다. 하지만 조광은 끝내 항복할 뜻을 보이지 않았다.

"마침 금나라 사신이 고려에 온다고 한다. 우리 서경군이 금나라 사신을 막아 기회를 만들어야 한다."

조광은 고려로 오는 금나라 사신을 억류해 국가간의 분쟁을 일으켜서 궁지를 벗어나려고 했다.

하지만 김부식이 이끄는 개경군이 미리 눈치 채고 철저하게 금나라 사신을 보호한 탓에, 조광의 계획은 수포로 돌아갔다.

"다른 방법을 써야 된다. 개경군이 포로와 투항자들을

모조리 살해하고 있다고 소문을 퍼뜨려야 한다."

개경군이 포로와 투항자들을 모조리 죽인다는 소문이 순식간에 퍼져 나갔고, 서경인들은 이 소문을 사실로 믿고 더욱 똘똘 뭉쳤다.

하지만 개경군은 조금도 흐트러짐 없이 위무 활동을 강화했고, 점차 투항하는 서경인들이 늘어났다.

한편, 김부식의 장기전에 불만을 품은 관료들이 인종에게 탄원을 하기도 했다.

'예로부터 군대를 이끌고 적과 대치하면서 일시적 손해를 중요하게 여기지는 않았습니다. 국가가 비록 금나라와 화친하고 있다지만, 지금 금나라의 의도를 전혀 파악할 수 없는 상황입니다. 수만 명의 군사를 일으켜 서경에서 진을 치고 세월을 허비하고 있으니, 만일 이웃 나라에서 이 사실을 알고서 틈을 노려 우리 나라를 공격해 온다면, 무엇으로 제압할 수 있겠습니까. 더는 지체하지 말고 며칠 안에 적을 격파하

도록 하되, 만일 머뭇거리는 자가 있다면 군법으로 다스리십시오.'

입장이 난처해진 인종은 김부식에게 관료들의 의견이 담긴 문서를 보내어 결단을 요구했다. 그러자 김부식은 자신의 작전을 설명하는 문서를 인종에게 보냈다.

'북쪽 변경에서 비상 사태가 발생하거나, 도적이 변란을 일으킬 수 있음을 우려해야 한다는 것은 진실로 타당한 의견입니다. 사상자의 발생을 고려하지 않고 며칠 만에 적을 격파해야 한다는 것은, 지금의 상황을 제대로 살피지 않은 의견입니다. 제가 보기에 서도(서경)는 하늘이 만든 험하고 튼튼한 요새인지라, 공격해서 함락하기가 쉽지 않습니다. 또한 성 안에는 정예군이 많고 수비 또한 엄중하여, 우리 편 군사들이 돌격해 봐도 겨우 성곽 아래에 이를 뿐, 성을 뛰어 넘은 자가 아직 없으며, 구름사다리나 당거(撞車)도 모두 소용이 없습니다. 적의 어린애와 부녀들도 성 위에서 벽돌과 기와를 던지며 굳센 병사로 바뀌었습니다. 설사 5군이 일제히 서경성을 공격한다고 하더라도, 며칠 지나지 않아 날랜 장수와 정예 군사들이 적의 활과 돌에 다 죽을 것이며, 적이 우리 힘이 꺾임을 알아채고 북을 두드리고 함성을 지르며 출격해 나오면 그 예봉을 감당할 수 없을 것입니다. 이러하니 어느 겨를에 외환을 대비할 수 있겠습니까. 지금 병사 수만 명을 동원했지만, 세월이 가도록 결판을 내지 못함은, 늙은 제가 마땅히 그 허물을 책임져야 합니다. 하지만 변방의 비상 사태나 도적의 변란이 발생할까 염려해야 하므로 완전한 계책으로 승리하여 병사를 다치지 않도록 하고, 국가의 위엄을 꺾이지 않도록 할 따름입니다. 전투는 진실로 빠른 승리를 기약할 수 없는 법입니다. 지금 종묘사직의 신령과 밝은 임금의 위엄이 떨치고 있음에도 요망한 적이 은혜를 저버리니, 행동을 개시하면 곧 모조리 멸망시킬 수 있습니다. 원컨대 적을 토벌함을 저에게 위임하시어 편의대

로 일을 처리할 수 있도록 해 주시면, 반드시 적을 격파하여 보답하겠습니다.'

 결국 인종은 이 일을 김부식에게 일임하는 것으로 결정을 내렸다. 인종은 김부식의 강력한 의지를 읽고 수용할 수밖에 없었던 것이다.
 마침내 1135년(인종 13) 3월에 김부식이 이끄는 5군이 일제히 서경성을 공격했다. 5군은 서경성 바로 밑에까지 진격하여 성을 물샐틈없이 포위했다.
 "개경군은 한 명도 살려 보내지 말라!"
 "화살을 날려라!"
 성 안의 반란군은 결사적으로 항전했고, 정부군은 크게 고전해야만 했다.
 그러자 윤언이가 김부식에게 한 가지 제안을 했다.
 "거인(적의 성에 도달하기 위해 흙으로 쌓아 올려 만드는 토산)을 건립하여 적을 물리치는 것이 좋을 것입니다."

윤언이는 원래 서경 세력에 속했지만, 반란에 찬성하지 않았다. 하지만 자신의 반란 연루 혐의를 벗기 위해서 토벌에 참여해야 했으며, 서경 사람들의 피해와 고통을 덜어 주기 위해서라도 전쟁을 서둘러 끝내려 했을 것이다.

윤언이가 전쟁을 빨리 끝내기 위해 거인을 세우자는 의견을 내놓았지만, 그 의견은 시행되지 못했다.
그런데 뜻하지 않은 일이 벌어졌다. 송나라에서 사신을 보내왔던 것이다.

'우리 송나라에서 군사 10만 명을 파견할 것이니, 서로 도와 서경을 진압하도록 합시다.'

송나라에서 군사를 파견하겠다는 연락을 보내오자, 고려 조정은 바짝 긴장하지 않을 수가 없었다.
"송나라의 제의는 정중하게 거절하면 되지만, 금나라가

금강산 구룡폭포
폭포에 의해 호수가 아홉 개 생겨서, 마치 용이 빠져나간 듯한 모양을 이루고 있으므로 구룡연이라는 이름이 생겼다고 한다. 또한 53불(佛)에 쫓긴 9룡이 이 8담과 구룡폭포 밑에 숨었다는 전설이 있다.

걱정입니다. 금나라까지 우리 고려의 일에 개입하려 할 것입니다."

"자칫 잘못하면 금나라와 송나라까지 개입하여 나라간의 분쟁으로 번질 위험이 있습니다."

하지만 서경의 반란은 여름이 지나 가을이 되어도 끝이 나지 않았다.

10월이 되자, 서경성에서는 식량이 떨어져 노약자와 부녀자들을 밖으로 몰아냈다. 굶주림을 견디다 못한 군사들이 간혹 항복해 오기도 했다.

"지금 성 안에는 식량이 떨어지고 있다. 굶어 죽는 사람이 속출할 테니, 조광 일당은 더 버티지 못하고 항복할 것이다."

김부식은 여러 장수들에게 윤관이 제안했던 거인(토산 공사)을 쌓아 올리라는 명을 내렸다.

"먼저 서경성 밖 남서쪽 인근의 양명포 산 위에 목책을 세우고 진영을 만들어, 전군을 그곳으로 이동시켜 주둔하도록 하라!"

"의보 장군은 정예 병사 4천2백 명과 북계의 전투병 3천9백 명을 유격군으로 삼아, 서경군의 습격에 대비하도록 하라!"

11월에 윤언이와 지병마사인 지석승은 김부식의 명을 받아 밤낮으로 토산 공사를 독려했다.

"관군이다! 관군이 토산을 쌓아 성을 공격하려 한다!"

"일제히 나와서 관군을 물리쳐라!"

크게 놀란 성 안의 서경군은 정예 군사들을 내보내어 개경군과 맞서게 했다. 그리고 성 안에서 활과 쇠뇌, 대포, 돌 등을 쏘아대며 전력을 다해 항거했다.

"북을 두드려라!"

"함성을 질러 서경군의 사기를 떨어뜨려라!"

개경 관군도 한꺼번에 서경성을 공격해서 서경군의 힘을 분산시켰다. 김부식은 5군을 모아 서경성을 공격했지만, 이번에도 성과 없이 끝나고 말았다.

"토산을 완공하는 데는 수개월이 걸립니다. 화공 무기 5백여 개를 제작하여 적을 물리쳐야 할 것입니다."

윤언이가 화공 무기 제작을 건의하자, 김부식은 그 제안을 받아들였다. 마침내 인종 14년 2월 9일, 윤언이가 새로

만든 화공 무기를 조언이 제작한 석포, 즉 '포기'를 사용해 번개처럼 서경성 안으로 날렸다. 서경성 안은 순식간에 불길에 휩싸였고, 성 안 사람들은 불을 끄느라 정신이 없었다.

공격이 계속되었고, 12일에는 양명문을 지키는 서경 병사들이 무너졌다.

"양명문이 뚫렸습니다. 이 기회를 놓치지 말고 서경성을 속전속결로 공격하면 적을 격파할 수 있습니다."

윤언이가 전면전을 요구했지만, 많은 지휘자들은 그 의견에 반대하고 나섰다.

"토산 쌓기를 끝낸 다음에 공격해도 늦지 않습니다! 우리 서경군은 이미 목책을 설치하여 방어할 수 있게 되었으니, 서둘러 공격을 퍼부음으로써 우리 쪽의 손해를 자초할 필요는 없습니다."

결국 윤언이의 책략은 받아들여지지 않았다.

그러나 윤언이는 포기하지 않고 김부식 등 다른 지휘관

들을 설득했다.

"대군이 출정한 지 이미 2년이 되었는데 나날을 허비하며 지구전을 펴고 있으니, 사태가 어떻게 변할지 예측하기 어렵습니다. 군사들을 잠복시켰다가 돌격하여 중성을 격파하면, 반드시 성공할 수 있습니다."

김부식은 윤언이의 주장을 받아들이지 않았다. 하지만 윤언이는 포기하지 않고 계속해서 김부식을 설득했고, 결국 김부식은 마지못해 전면전을 결정했다.

"정예병을 삼도로 나누어 진경보·왕수·박정명은 3천 명을 이끌고 중도가 되고, 지석승·전용은 군사 2천 명을 이끌고 좌도가 되며, 이유·이영장·김신령도 2천 명을 이끌고 우도가 된다!"

삼도의 정예병 7천 명은 별동대 겸 돌격대였다.

"공직 장군은 병력을 이끌고 서경성의 서쪽 석포 방면으로 들어가고, 양맹 장군 역시 병력을 이끌고 서경성의 남쪽 당포(남포) 방면으로 들어가시오. 중군·정군·후군·

추암 형제바위
추암 해수욕장은 와우산 아래에 위치한 해변이다. 백사장 길이가 150m밖에 안 되지만, 형제바위·촛대바위 등 크고 작은 기암괴석의 경관이 빼어난 곳이다.

좌군·우군 군단은 각각 방면을 나누어 서경성을 공격해, 서경군으로 하여금 서남쪽 부분에 방비를 집중하지 못하도록 하시오!"

드디어 김부식은 장수들에게 출격을 명령했다.

윤언이는 군사를 이끌고 새벽에 서경성의 북문인 칠성문 아래에 이르러, 장작을 쌓고 불을 붙였다.

"불이다!"

"개경군이 성에 불을 질렀다!"

뒤늦게야 개경군이 불을 지른 것을 파악한 서경군이 서둘러 불을 껐지만, 문과 회랑 97칸이 불타고 말았다. 그러자 좌군과 우군, 전군, 후군도 일제히 불을 질러 성을 불태우기 시작했다.

"성 안으로 들어가라!"

"모두 성 안으로 들어가 서경군을 없애라!"

승세를 탄 개경군은 성 안으로 몰려 들어가 서경군을 닥치는 대로 죽였다. 병사들이 지나치게 살육을 자행하자 김부식이 명령을 내렸다.

"적을 사로잡은 자에게는 상을 주고, 항복한 적을 죽이거나 노략질하는 자는 내 칼이 용서치 않겠다!"

새벽에 시작된 전투는 하루 종일 진행되었다.

"날이 어두워지고 있다. 날씨가 음산한 데다 비까지 내리고 있으니 모두 주둔지로 물러나라! 포로로 잡힌 자와 항복한 자는 순화현으로 보내어 음식을 먹이도록 하라!"

김부식은 일단 군사를 주둔지로 되돌렸다. 이 날의 전투는 개경군의 완벽한 승리였다.

"우리 서경성은 외성 안의 남쪽 지역만 개경군에 돌파당했지만, 사람들이 크게 혼란에 빠져 있으니 어쩌면 좋은가. 모두 전의를 상실한 채 무너지고 말 것이다."

조광은 큰 충격에 빠졌다. 그리고 예측대로 밤이 되자, 성 안 사람들이 스스로 무너져 혼란에 빠지기 시작했다.

"서경 천도의 꿈이 물거품이 되고 말았구나."

조광은 패전을 인정하고, 문을 잠근 채 불을 질러 스스로 목숨을 끊었다. 그러자 정선과 유한후, 정극승, 최공필, 조선, 김택승 등도 자결했다.

조광과 많은 장수들이 스스로 목숨을 끊자, 서경군은 전의를 상실한 나머지 더 이상 저항하지 않았다.

이렇게 해서 오랫동안 끌어 오던 관군과 서경군의 싸움이 비로소 끝을 맞았다.

윤언이는 아들인 윤자양을 김부식에게 보내어 상황을 보

고하게 했다.

"나와 뜻을 같이했던 서경 세력의 본거지를 내 손으로 끝장내고 말았구나……."

윤언이의 마음은 착잡하기만 했다.

20일 정오 무렵에 김부식이 중군에 이르렀다.

"서경의 군인과 백성들을 위로하고, 노인과 어린애와 부녀자들을 성 안으로 들여보내어 가정을 보호하게 하라!"

김부식은 서경인들 중에서 용맹하고 사납게 항거한 자들은 '서경 역적'이라는 네 글자를 얼굴에 문신으로 새겨서 섬으로 유배하고, 그 다음 정도로 항거한 자들은 '서경'이라는 두 글자를 문신으로 새긴 뒤에 향과 부곡에 나누어 배치했다.

그 나머지는 지방의 주·부·군·현으로 나뉘어 배치되었는데, 모두 노예로 전락했다.

"묘청과 정지상, 백수한, 유참, 유호, 조광, 최영, 황린, 윤주형, 김지, 조의부, 나손언, 정선, 김신, 김치, 이자기,

조간, 정덕환의 처자들은 모두 동북면 여러 성의 노비로 보내도록 한다!"

김부식은 서경 중심의 천하를 꿈꾸었던 주역들의 처와 자식들을 최하층 노비로 전락시켰던 것이다.

인종은 1136년(인종 14)에 좌승선인 이지저 등을 서경에 파견해 출정군 장수들을 격려했다. 그리고 김부식에게는 의복, 안장, 황금 혁대, 황금 술잔, 은 약상자를 하사하고 김정순에게도 황금 혁대를 하사했다. 그리고 김부식에게 다음과 같은 칙서를 내렸다.

'역적 조광은 보잘것없이 더러운 놈인데 험한 육지와 강물에 의지해 죽음을 피해 온 지 오래되었도다. 장졸들이 싸우고자 하는 마음을 타서 전력을 기울여 죽임으로써 씨를 말릴 수 있음을 알았지만 서도(서경)는 시조(태조 왕건)가 창업을 일으킨 곳이고, 또한 그곳 사람들 모두 나의 백성이라 차마 모두 도륙할 수는 없었다. 때문에 칙령을 내려 위로하기

개성 대흥산성 북문
고려의 수도인 개성을 방위할 목적으로 축성한 대흥산성은 동서남북에 큰 성문이 있었다. 대흥산성의 북쪽에 있던 이 문은 지금까지 석축과 문루가 그대로 남아 있다.

를 두세 번이나 하면서, 마음을 바꾸어 귀순해서 조정이 긍휼히 여기는 혜택을 따르기를 바랐다. 악의 우두머리인 묘청 등이 죽음을 당한 후에 조정이 절령(자비령)에서 실책하자 적의 사정이 일변하니, 평정하는 공로를 하루 이틀에 기약할 수 없을 듯했다. 그대가 문무의 재주를 가지고 장수와 재상의 임무를 총괄하였는데 너그러워 병사들의 마음을 얻었고, 신중한 기지는 절묘하여 적을 제어하는 계책을 이미 마음에 정해 두고 있었다. 처음에는 성채를 축조하여 병졸들을 휴식케 하고, 나중에는 토산을 일으켜 적의 성채를 압박하였다. 마침내 역적 무리가 관군의 진격을 바라보면서도 속수무책에 빠져 스스로 나와 항복하도록 하였다. 창 한 자루도 부러지지 않은 채 서경성 전부를 손바닥 뒤집듯이 함락하여, 때를 넘기지 않고 결판을 지음으로써 만대의 위대한 업적을 거두었도다. 만전을 기하는 경의 책략이 아니었다면, 그런 성공에 이를 수 없었도다.'

토산을 만들어 공격하는 계책은 윤언이가 제안한 것인데도 김부식이 그 공을 차지한 셈이었다. 윤언이는 김부식의 막료로 출전하여 공을 세웠는데도 불구하고, 정지상과 내통하였다는 김부식의 보고로 양주 방어사로 좌천되고 말았다.

묘청으로 인해 시작된 서경 천도 계획은 완전히 무산되었고, 개경을 중심으로 한 문벌 귀족들이 정권을 다시 장악함으로써 고려의 국운은 쇠퇴하기 시작했다.

묘청은 지나치게 도참 사상과 풍수설에 이념의 근거를 두었다.

궁예가 그 무렵에 한창 성했던 미륵 사상을 앞세워 정치적 야망을 키우려 했던 것처럼, 묘청 또한 도참 사상과 풍수설로 인해 반대 세력에 빌미를 제공하고, 지지 기반이 크게 흔들렸다. 풍수설에만 의존하느라 합리적이고 현실적인 논리를 곁들이지 못했기 때문이다.

그 결과, 개경 세력의 입지를 약화시키지 못했을 뿐만 아니라 서경 천도론을 공론(公論)으로 이끌어 내지 못하고 몰락의 길을 걷고 말았던 것이다.

묘청이 사라진 뒤, 고려는 다시 왕권이 미약해지면서 문벌 귀족이 득세하게 되었다. 결국 칭제 건원과 금국 정벌의 꿈은 영원히 멀어지고 말았다.

단재 신채호는 묘청의 난에 대해 이렇게 평했다.

'묘청의 난은 낭불 양가 대 한학파의 싸움이며, 독립당 대 사대당의 싸움이고, 진취 사상 대 보수 사상의 싸움이었다. 이 난리가 실패로 돌아감으로써 유가의 사대주의가 득세하여, 고구려적인 기상을 잃어버리게 되었다.'

묘청의 난이 진압된 뒤, 고려 사회는 겉으로는 안정을 되찾은 것 같았지만 많은 변화를 겪고 있었다.

우선 서경의 권력이 크게 격하되었고, 김부식을 따르는 유교 세력이 강해지면서 불교 세력도 상당히 쇠퇴하였다. 또한 그때까지 서경 세력은 독주하는 개경 세력을 견제하는 역할을 맡아 왔는데, 서경 세력의 몰락으로 개경 세력이 전횡을 일삼으면서 결국 왕권마저 능멸하는 풍조가 생겨나기도 했다.

인종은 묘청을 신임하고 있었고, 그 덕분에 서경파의 세력은 훨씬 강화된 편이었다.

그런데 묘청이 군사를 일으키는 극단적인 방법을 택함으로써 몰락의 길을 걷기에 이르렀고, 이는 묘청을 비롯한 서경 세력의 정치력이 얼마나 약했는가를 반증하고 있다.

'역사를 바꾼 인물 · 인물을 키운 역사' 기획 의도

성장기 어린이부터 청소년까지 역사는 떼려야 뗄 수가 없는 공부이다. 다른 나라 역사보다 우리 나라 역사를 더 알아야 한다는 것도 분명한 사실이다. 역사를 이끌고 가는 것은 인물이다. 역사를 이로운 길로 이끈 인물이건 나쁜 길로 이끈 인물이건 역사에서 인물이란 빼놓을 수 없는 존재다. 한 인물로 인해 역사의 흐름이 바뀌는 경우도 많고, 역사로 인해 한 인물이 탄생하는 경우도 많다. 그만큼 역사를 제대로 알려면 그 시대의 중요한 인물을 알아야 하고, 인물을 통해 역사를 읽을 수 있는 안목을 키워야 한다.

인물 이야기는 이야기 속에 그 사람 삶의 모습이 진솔하게 담겨 있어야 할 뿐만 아니라, 인간으로서의 고뇌와 절망을 극복해 나가는 모습도 모두 함께 담겨 있어야 한다. 또 그 사람의 행동은 당시 사회 상황에서 규정되기 때문에 당시의 상황 속에서 그 인물을 관찰할 수 있어야 한다.

'역사를 바꾼 인물 · 인물을 키운 역사'는 어린이는 물론이고 청소년, 그리고 일반인들까지 부담 없이 읽고 폭넓게 공감할 수 있는 내용으로 엮는 것을 최우선 방향으로 잡았다.

인물 이야기는 백과사전이 아니다. 한 사람을 역사 속에서 바라보는 것이다. 제대로 쓰인 인물 이야기가 아니면 의미가 없다. 시대와 장소를 초월해서 하늘이 내린 인물이나 신적인 존재로 그려진 그런 인물 이야기가 아니라, 인간적인 냄새가 물씬 풍기는, 제대로 쓰인 인물 이야기가 필요할 때다.

또한 역사는 결코 지난날의 이야기가 아니다. 현재는 물론이고 미래에도 언제든지 새롭게 발견되고 새롭게 해석될 가능성이 많다. 특히 우리의 역사는 오랜 세월 동안 왜곡되고 사라진 부분이 많은 만큼 연구할 부분이 많을 수밖에 없다.

또한 우리 역사의 국통을 아는 것은 단순히 과거를 아는 것이 아니다. 우리 민족이 섬겨 왔던 조물주의 창조 섭리, 인간이 어떻게 태어나고 어떻게 봄·여름·가을·겨울을 살아왔느냐 하는 삶의 과정과 역사의 깊은 섭리를 아는 것이다.

그러자면 여러 가지 학설과 주장을 두루 듣고 연구해서 진실에 가까운 역사를 찾아내는 것이 무엇보다 중요하다. 또한 한 인물을 제대로 이해하려면 무엇보다 그 시대의 역사를 제대로 이해해야 하고, 역사를 이해하려면 그 시대를 움직인 인물을 제대로 이해하려는 노력이 필요하다.

참조문헌 두산동아백과사전 / 위키백과사전
　　　　　신편 고려사절요〈신서원 출판사〉 / 고려왕조실록〈웅진출판사〉

서경의 아침
-묘청-

초판 1쇄 발행	2010년 03월 30일
글	역사·인물 편찬 위원회
펴낸이	이영애
디자인	장원석 · 김재영
책임 교열	마경호
표지 그림	박경민
사진협조	이수용(수문출판사) / 경상북도청 / 경상남도청 / 충청남도청
충청북도청 / 경주시청 / 위키백과 / 오픈애즈
펴낸곳	역사디딤돌
출판등록	2009년 3월 23일 제312-2009-000020
주소	서울특별시 양천구 목2동 504-17번지
전화	(070)7690-2292
팩스	(02)6280-2292
E-mail	123pen@naver.com
ISBN	978-89-93930-22-1
978-89-962557-9-6(세트)

잘못된 책은 서점에서 교환해 드립니다. 저저와 협약에 의해 인지는 생략합니다.
신저작권법에 의하여 보호를 받는 저작물이므로 무단 전재와 복제를 금합니다.